O QUE ESTÃO FALANDO SOBRE
NEUROVENDAS

> "Vender, nos dias atuais, não é convencer os outros a comprar nossos produtos e serviços. Vender é facilitar a decisão de compra, fazer os compradores convencerem a si mesmos. Isso requer um conhecimento profundo de como os outros pensam, quais são suas preferências, compreender seu mundo. Este livro de Simon Hazeldine contém conselhos práticos e técnicas do mundo real para entrar no cérebro do comprador de modo a influenciá-lo num nível muito mais profundo do que seus concorrentes."
>
> **SEAN MCPHEAT,**
> autor de *eselling*®

> "Simon Hazeldine nos deu uma vez mais um trabalho brilhante sobre como ser mais eficaz no nosso mundo altamente competitivo. Ele parte dos princípios sólidos e cientificamente embasados da neurociência (que ele estudou a fundo) e mostra sua aplicação prática nas vendas e interações do mundo real. Fiquei fascinado com este livro e o li do começo ao fim. Tudo o que posso dizer é 'Uau!'. Simon nos conduz pelo processo de vendas passo a passo e, sim, trata-se de um processo. Descreve de maneira plena e com riqueza de detalhes os quatro tipos de pessoas que você encontra em suas vendas e demonstra técnicas eficazes, estilo ninja, para obter os resultados que você precisa. Só espero que meus concorrentes não tenham acesso a essa obra-prima. É um livro a ser estudado, não apenas lido. Compre-o. Devore-o. Aplique-o. Sua empresa e sua vida ficarão melhores depois disso."
>
> **TERRY BROCK,**
> MBA, CSP, CPAE, autor, palestrante profissional e *coach* de marketing

"Simon Hazeldine realizou uma extensa pesquisa em neurociência para compreender como o cérebro reage em uma venda ou negociação, e quando uma pessoa está tomando decisões de compra. Seus insights criaram uma ferramenta de vendas de alta eficácia que irá ajudá-lo a fechar mais vendas com menor esforço."

ALLAN PEASE,
autor do best-seller *The Definitive Book of Body Language*

Hazeldine me ensinou muito a respeito de como o cérebro funciona e, como sou um investidor imobiliário profissional, tem me ajudado a ganhar muito dinheiro. Eu imaginava saber lidar bem com pessoas até ler este livro! As informações de Simon sobre vendas amigáveis ao cérebro, baseadas em neurociência, são algo que você desejaria já ter conhecido há anos, e perceberá simplesmente quanto dinheiro deixou de ganhar. Depois de ler este livro, TUDO vai ser diferente. Leia-o agora."

ROB MOORE,
autor best-seller sobre investimento imobiliário
e cofundador da Progressive Property

O mais recente livro de Simon Hazeldine, *Neurovendas*, é uma leitura obrigatória se você quiser saber como aumentar suas vendas e compreender a ciência implícita nas razões pelas quais as pessoas compram. Ao entender o lado científico da neurovenda, você passa a saber como adaptar melhor sua abordagem e, como resultado, a realizar mais negócios.
Simon é bem-sucedido em abordar o complexo assunto do funcionamento de nosso cérebro e oferece um roteiro fácil de entender e prático para dar a qualquer um que leia seu livro uma vantagem significativa a respeito de como usar os princípios da neurociência para aumentar significativamente as vendas. Um grande livro, Simon!"

DAVID TOVEY,
palestrante sobre desenvolvimento
dos negócios e autor de *Principled Selling:
How to Win More Business Without Selling Your Soul*

Neurovendas, de Simon Hazeldine, combina a mais recente pesquisa em neurociência com uma experiência de vendas duramente conquistada para apresentar ao leitor o poder da 'venda amigável ao cérebro'. Uma leitura essencial se você quer criar relacionamentos de longo prazo com clientes num mundo em que a tecnologia nivelou o campo de jogo da persuasão e da influência."

JAMIE SMART,
autor de *Clarity: Clear Mind, Better Performance, Bigger Results*

Neurovendas é uma leitura fascinante e motivadora, que consegue o equilíbrio justo entre ciência e aplicação prática. Traduz pesquisa de ponta em passos e ações simples e fáceis, que qualquer um pode aplicar para se tornar um profissional de vendas mais eficaz. Todo aquele que precisa vender deve ler este livro."

HEATHER TOWNSEND,
autora de *The Financial Times Guide to Business Networking*

NEUROVENDAS

Copyright © 2014 Simon Hazeldine
Copyright desta edição © 2024 Autêntica Business

Tradução publicada mediante acordo com Kogan Page.

Título original: *Neuro-Sell: How Neuroscience Can Power your Sales Success*

Todos os direitos reservados pela Autêntica Editora Ltda.
Nenhuma parte desta publicação poderá ser reproduzida,
seja por meios mecânicos, eletrônicos, seja via cópia xerográfica,
sem autorização prévia da Editora.

EDITOR
Marcelo Amaral de Moraes

PREPARAÇÃO DE TEXTO
Marcelo Barbão

REVISÃO TÉCNICA
Marcelo Amaral de Moraes

REVISÃO
Rafael Rodrigues

CAPA
Diogo Droschi

PROJETO GRÁFICO
Christiane S. Costa
Diogo Droschi

DIAGRAMAÇÃO
Christiane S. Costa

Dados Internacionais de Catalogação na Publicação (CIP)
(Câmara Brasileira do Livro, SP, Brasil)

Hazeldine, Simon
　　Neurovendas : como usar a neurociência para vender mais, com menos esforço e mais rápido / Simon Hazeldine ; tradução Luis Reyes Gil. -- 1. ed. -- São Paulo : Autêntica Business, 2024.

　　Título original: Neuro-Sell: How Neuroscience Can Power your Sales Success
　　Bibliografia.
　　ISBN 978-65-5928-438-2

　　1. Vendas 2. Neurovendas 3. Técnicas de vendas 4. Venda consultiva 5. Neuromarketing I. Título.

24-210425

CDD-658.8342

Índices para catálogo sistemático:
1. Neuromarketing : Administração 658.8342

Eliane de Freitas Leite - Bibliotecária - CRB 8/8415

A **AUTÊNTICA BUSINESS** É UMA EDITORA DO **GRUPO AUTÊNTICA**

São Paulo
Av. Paulista, 2.073 . Conjunto Nacional
Horsa I . Salas 404-406 . Bela Vista
01311-940 . São Paulo . SP
Tel.: (55 11) 3034 4468

Belo Horizonte
Rua Carlos Turner, 420
Silveira . 31140-520
Belo Horizonte . MG
Tel.: (55 31) 3465-4500

www.grupoautentica.com.br
SAC: atendimentoleitor@grupoautentica.com.br

SIMON HAZELDINE

NEUROVENDAS

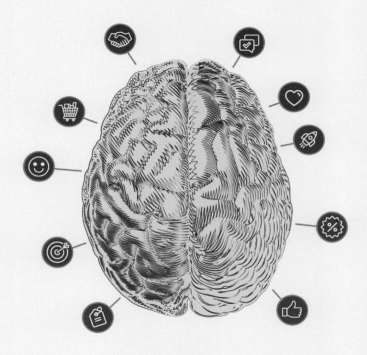

Como usar a **NEUROCIÊNCIA** para **VENDER MAIS**, com **MENOS ESFORÇO** e **MAIS RÁPIDO**

TRADUÇÃO:
LUIS REYES GIL

autêntica
BUSINESS

Para KP e TJ, como sempre.

SUMÁRIO

Sobre o autor . 14

Prefácio . 16

Agradecimentos . 18

Introdução . 20

CAPÍTULO 1
A dura realidade enfrentada pelos profissionais de vendas . 26

CAPÍTULO 2
As premissas da neurociência e como elas se aplicam a vendas . 32

CAPÍTULO 3
Uma visita guiada pelos três cérebros do seu cliente . 38

41 O cérebro reptiliano (primitivo)
43 O cérebro emocional (intermediário)
45 O cérebro racional (novo)
50 Neurônios-espelho

CAPÍTULO 4
O processo de compra e o cérebro comprador . 54

59 Avance!
60 Um cérebro primitivo num mundo moderno

61 Afaste-se do perigo; vá em busca da recompensa

63 Mapas neurais

CAPÍTULO 5

A venda adaptativa . 68

72 Adaptando-se à natureza da situação de vendas

CAPÍTULO 6

O modelo PRISMA de comportamento humano e a venda adaptativa . 82

90 Substâncias químicas do cérebro

92 Os quatro quadrantes

95 As quatro cores do cliente

CAPÍTULO 7

Como ler seu cliente e se adaptar ao estilo dele . 100

102 Observar

111 Classificar

111 Adaptar

CAPÍTULO 8

O processo de "neurovendas" amigável ao cérebro - primeira fase: Considerar . 120

123 Estágio 1: Considerar

CAPÍTULO 9

O processo de "neurovendas" amigável ao cérebro - segunda fase: Maximizar o conforto . 132

133 Estágio 2: Conforto, Parte 1: Conectar

136 Estágio 3: Conforto, Parte 2: Camaleão

138 Estágio 4: Conforto, Parte 3: Controlar

CAPÍTULO 10

O processo de "neurovendas" amigável ao cérebro - terceira fase: Definir contexto e catalisar . 142

143 Estágio 5: Contextualizar e catalisar

170 Estágio 6: Verificar

CAPÍTULO 11

O processo de "neurovendas" amigável ao cérebro - quarta fase: Convencer . 172

173 Estágio 7: Convencer

CAPÍTULO 12

O processo de "neurovendas" amigável ao cérebro - quinta fase: Fechar a venda . 204

205 Estágio 8: Confirmar e concluir

CAPÍTULO 13

Mais dicas de vendas amigáveis ao cérebro . 212

213 Seja marcante

215 Mantenha as coisas simples

215 Faça mudanças

216 Use metáforas

217 Use todos os sentidos

218 Associação espacial

221 Dê ao cérebro do cliente algo para completar

CAPÍTULO 14

A linguagem corporal e o cérebro verdadeiro . 226

230 Observando o cliente

CAPÍTULO 15

Neuronegociação . 242

245 Por que (a maioria dos) profissionais de vendas não são bons em negociar

246 Dois grupos distintos de habilidades

247 A importância de sentir-se confortável no meio do desconforto

250 Os cinco estágios da negociação

251 A importância de planejar e preparar

252 Os quatro tipos de negociador

255 Os diferentes estilos de negociação

255 O equilíbrio entre poder e conforto

256   O que aumenta o conforto

259   O que aumenta o poder

266   O cliente está mentindo?

CAPÍTULO 16
Conclusão . 270

Referências . 274

Leituras adicionais . 278

Índice remissivo . 282

SOBRE O AUTOR

SIMON HAZELDINE é palestrante internacional, consultor de desempenho e treinador corporativo nas áreas de vendas, negociação, liderança em desempenho e neurociência aplicada. Seu foco é em inspirar e propiciar desempenho excepcional e entregar melhores resultados aos seus clientes.

Simon é autor de vários best-sellers: *Bare Knuckle Selling*, *Bare Knuckle Negotiating*, *Bare Knuckle Customer Service*, *The Inner Winner* e este *Neurovendas* [*Neuro-Sell*].

Tem mestrado em psicologia; é membro do Instituto de Vendas e Gestão de Marketing, há muito tempo também é membro da Associação de Palestrantes Profissionais e praticante licenciado do Mapeamento do Cérebro PRISMA.

Simon é cofundador da www.sellciusonline.com – o principal recurso on-line para vendedores profissionais.

A lista de clientes de Simon inclui empresas da Fortune 500 e FTSE 100 [Financial Times and Stock Exchange]. Ele é palestrante com larga experiência, muito requisitado internacionalmente, tendo prestado serviços em mais de 30 países nos seis continentes.

PREFÁCIO

Nos meus papéis de presidente do conselho e de diretor de nove diferentes empresas, sei que, para ter sucesso no moderno mundo dos negócios, você precisa fazer um trabalho melhor do que seus concorrentes em encontrar, conquistar e cuidar de seus clientes.

Embora possa parecer óbvio dizer isso, falar é mais fácil que fazer. A profissão de vendas precisa ser transformada e, em vez de exercida por um número excessivo de pessoas de vendas insistentes, ávidas para conseguir comissões, passar a ser exercida por profissionais de vendas imbuídos de ética e centrados no cliente.

Este livro utiliza pesquisa de ponta e insights em neurociência para produzir um processo de vendas de alta eficácia, amigável ao cérebro, que é poderoso, ético e amigável ao cliente.

Este livro pioneiro oferece poderosos insights de ponta que lhe darão uma vantagem decisiva em situações de venda. Gosto particularmente da maneira como Simon pega algo que é claramente uma ciência muito complexa e a comunica em termos práticos e fáceis de entender, que podem ser prontamente assimilados e aplicados.

Aproveite as lições deste livro, aplique-as em seu negócio e junte-se ao novo mundo das vendas amigáveis ao cérebro. Você ficará satisfeito ao fazer isso. E seus clientes também.

MIKE GREENE
Astro do programa de TV do Channel 4 *The Secret Millionaire*
Autor de *Failure Breeds Success* e *Into the Eye of the Storm*

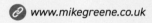 www.mikegreene.co.uk

AGRADECIMENTOS

À minha esposa Karen, que, além de dedicar incontáveis horas a uma revisão muito útil, é sem dúvida a pessoa mais bondosa e corajosa que conheço.

Ao meu filho Tom, por aceitar um pai que passou muitos fins de semana trancado em seu escritório escrevendo este livro.

A Colin Wallace, PhD, ex-membro do Centro de Neurociência Aplicada com sede nos EUA, por todo o seu apoio, generosidade e informações.

A meus colegas cofundadores do www.sellciusonline.com, Phil Jesson e Graham Jones: obrigado por sua ajuda, apoio e pelas muitas batatas chips.

A Sue Richardson, antes de mais nada por ter me colocado em contato com a Kogan Page: você é uma *superstar*!

A Mike Speight, pelas excelentes fotos.

E, por fim, à minha editora, Liz Gooster, que ajudou a tornar este livro muito melhor.

INTRODUÇÃO

Às vezes temos a impressão de que no mundo atual não é possível ligar a televisão, ler um jornal ou entrar num site de notícias sem vermos alguma menção à neurociência – o campo da ciência que lida com a estrutura e função do sistema nervoso e do cérebro. A neurociência fez várias de suas principais descobertas nos últimos 10 a 15 anos, e graças a uma poderosa tecnologia de neuroimagens novas descobertas estão sendo feitas regularmente. Neurocientistas estão sendo cada vez mais capazes de compreender como nossos cérebros funcionam e influenciam nosso comportamento. E em razão disso as empresas estão contando cada vez mais com a neurociência para obter vantagens comerciais. A lista de empresas atualmente envolvidas em alguma forma de pesquisa em neurociência é extensa. Elas querem compreender de que maneira é possível interessar pessoas em seus produtos e serviços e, o mais importante, como influenciá-las a comprar.

Não sou neurocientista. Sou autor de livros, conferencista e consultor que se especializou em desempenho em vendas. E, talvez mais importante ainda, sou também um ativo profissional de vendas. Tenho minha própria empresa, e, se não for bem-sucedido em vender, meus lucros irão diminuir. Embora ache a pesquisa mais recente em neurociência muito interessante, sou pragmático. Meu primeiro interesse na neurociência é em utilizá-la para melhorar minha capacidade de vender. A pergunta que me fiz e que me levou a escrever este livro foi: "Como posso utilizar a pesquisa em neurociência a respeito de como nosso cérebro funciona para poder usar esse insight e obter mais sucesso em vender aos meus clientes (ou, mais especificamente, vender aos cérebros deles!)?". A resposta a essa pergunta, que se baseia em extensa pesquisa, está nas páginas deste livro. Embora nele eu cite os comentários feitos por uma série de eminentes neurocientistas, devo deixar claro que a interpretação geral que dou dos dados relevantes da neurociência é toda minha.

O cérebro humano é a sede da tomada de decisão, onde ficam localizadas as decisões de realizar uma ação e de seguir adiante ou não em relação a uma compra. Neste livro você aprenderá a trabalhar positivamente com o cérebro humano que reside no interior da cabeça de seu cliente. Vai aprender a garantir que sua abordagem e metodologia de vendas sejam "amigáveis ao cérebro", o que fará o cérebro de seu cliente se tornar cada vez mais receptivo e acolhedor a sua mensagem de vendas (e a você como pessoa!), maximizando suas chances de sucesso em vender. Terá então uma nítida vantagem sobre seus concorrentes que não entenderem tanto como o cérebro funciona. Talvez eles tenham uma abordagem "inamistosa ao cérebro", que faça com que eles e sua oferta de vendas sejam rejeitados pelo cérebro de seus clientes já num estágio inicial do processo de vendas.

Acho que é apropriado, nesta primeira etapa do livro, discutir o conceito de ética. Sem dúvida, algumas pessoas ficarão preocupadas, achando que aquilo que a neurociência está descobrindo (por exemplo, sobre como as pessoas tomam decisões de comprar certos produtos) possa fomentar a capacidade de manipulá-las para que realizem certas ações, talvez até contrárias às suas vontades ou aos seus critérios de julgamento. Nas páginas deste livro você aprenderá alguns princípios muito poderosos de persuasão que, aplicados de modo correto e inteligente, melhoram de modo significativo sua capacidade de persuadir os outros a realizar certas ações. Minha ideia de "aplicados de modo correto e inteligente" envolve garantir que você está adotando uma abordagem de vendas centrada no cliente. Ela se baseia em entender o que o cliente precisa e decidir se você é capaz de ajudá-lo a alcançar esse objetivo. Trata-se de ajudar os clientes a chegarem a uma decisão que seja certa para eles. Se você realizar seu trabalho de modo adequado, então durante a maior parte do tempo isso levará clientes a escolherem seus produtos e serviços. No entanto, em alguns casos eles serão mais bem atendidos por outra pessoa, e quanto mais rápido você descobrir isso, mais cedo seguirá adiante para lidar com outro *prospect* viável para seus produtos e/ou serviços.

Se você quer ter sucesso em vendas no médio a longo prazo, construir uma base de clientes satisfeitos que você possa usar para indicações, referências e testemunhos deve ser uma das prioridades. Daí minha ênfase na adoção de uma abordagem de vendas centrada no cliente.

O processo delineado neste livro ajudará as pessoas às quais você está vendendo a compreenderem melhor o que precisam, para poderem tomar melhores decisões de compra. Em algum grau elas estarão persuadindo a si mesmas! Isso pode ser conseguido quando você:

➤ Faz o tipo certo de perguntas, que elevem a consciência potencial dos clientes sobre os próprios requisitos;

➤ Ajuda as pessoas a compreenderem seus processos de tomada de decisão;

➤ Fornece as informações específicas que elas precisam em cada estágio do processo de tomada de decisão;

➤ Entrega as informações que elas precisam de uma maneira que combine com suas preferências individuais.

Quando você vende dessa maneira, maximiza as chances de que a decisão tomada seja também a mais favorável a você.

Fora do mundo das vendas, uma grande parte das interações entre seres humanos envolve alguma forma de persuasão. Desde persuadir um empregador a lhe dar um emprego ou convencer um candidato bem qualificado a entrar na sua empresa, persuadir os filhos a se comportarem direito, persuadir alguém a achar interessante sair para um encontro romântico ou convencer alguém a patrociná-lo para um evento de fundos para a caridade, a persuasão é parte fundamental do comportamento humano. Com muita frequência, estamos envolvidos em um ato de persuasão.

Quem quer que adote uma abordagem manipuladora para vender logo descobrirá que isso só produz resultados de prazo bem curto (em algum momento você será pego) e cria uma reputação muito ruim. E no mundo altamente conectado de nossos dias (como resultado do aumento de recursos como a internet e as redes sociais), sua má reputação pode ficar logo evidente. E talvez você não se sinta muito confortável com o seu rosto olhando de volta para você no espelho do banheiro.

O especialista em persuasão Dave Lakhani declara em seu livro *Persuasion: The Art of Getting What You Want* (2005) ["Persuasão: A arte de conseguir o que você quer"]: "Sua intenção determinará em última instância se você persuadiu ou se manipulou". As técnicas expostas neste livro podem ser empregadas de forma abusiva, mas isso não deve impedir de compartilhá-las com profissionais de vendas que as utilizem para ajudar os outros e, ao fazer isso, ajudar a si mesmos. O falecido Zig Ziglar, lendário palestrante motivacional americano, expressou isso da seguinte maneira: "Você pode conseguir qualquer coisa que deseje na vida simplesmente ajudando outras pessoas a conseguirem o que querem".

Persuadir pessoas de forma ética e ajudá-las a tomar decisões que realmente possam beneficiá-las dará a você uma sólida base para construir suas futuras vendas. A metodologia delineada neste livro oferecerá a você poderosos princípios de persuasão que potencializarão o sucesso de suas vendas. Deixar as pessoas em melhor posição do que quando você as encontrou garante seu sucesso a longo prazo na profissão de vendas.

Persuadir pessoas de **forma ética** e ajudá-las a **tomar decisões** que realmente possam **beneficiá-las** dará a você uma **sólida base** para **construir** suas **futuras vendas**.

CAPÍTULO 1

A DURA REALIDADE ENFRENTADA PELOS PROFISSIONAIS DE VENDAS

Vender sempre foi uma profissão desafiadora. Em vendas, seu sucesso, ou a falta dele, é sempre óbvio. Ou você é bem-sucedido em realizar vendas para a empresa e alcançar sua meta/cota ou não é.

É mais fácil medir e lidar com o desempenho das pessoas em vendas do que em qualquer outra profissão. Se você não está conseguindo seus números você sente a pressão!

Vivemos e trabalhamos num sistema capitalista. Mercados competitivos são um dos principais componentes do capitalismo. Numa sociedade capitalista a concorrência nos negócios é um fato da vida, e a história mostra que a concorrência tende a aumentar e a ficar mais intensa. Para nós que estamos na profissão de vendas, um ambiente comercial cada vez mais desafiador é a realidade com a qual temos que conviver.

E depois há outros fatores que se somam ao desafio que os profissionais de vendas enfrentam:

> As recessões econômicas têm atingido fortemente as empresas. Os efeitos das recessões se estendem por um bom tempo depois que a economia começa a se recuperar. Empresas tornam-se mais cautelosas financeiramente após tempos difíceis na economia, e nem sempre abrem o bolso. Muitas aprenderam a gerir com menos despesas em relação ao que faziam antes, e decidem manter as coisas assim.

> O aumento da globalização, com o crescimento econômico de países como Brasil, Rússia, Índia e China, introduziu nova concorrência nos mercados ocidentais.

- Produtos (e empresas) estão constantemente sendo substituídos por alternativas mais eficazes ou mais baratas. O economista Joseph Schumpeter (1950) referia-se a isso como um processo de "destruição criativa" e o descreveu como "o fato essencial do capitalismo".

- As margens de produtos diminuem em consequência de uma concorrência mais acirrada, da elevação dos custos de produção e de práticas de aquisição mais agressivas e mais profissionais. Ao longo do tempo, esses fatores promovem uma erosão da lucratividade de qualquer produto ou inovação. Há em vários mercados uma tendência em direção à comoditização.

- A quantidade de tempo dedicada ao comprador que é alocada a profissionais de vendas vem diminuindo (o que é causado, por exemplo, pela redução do tamanho dos departamentos de compras), e isso cria nos profissionais de vendas a necessidade de serem capazes de maximizar o reduzido tempo de vendas face a face que ainda conseguem preservar.

- Uma tendência em curso em direção a um estilo de gestão mais participativo tem levado a um maior empoderamento dos funcionários, com maiores níveis de responsabilização pessoal e um compartilhamento das metas corporativas. Isso ajuda a desenvolver um orgulho na *expertise* e uma ênfase na qualidade e em fazer um bom trabalho. Por sua vez, também tem feito compradores assumirem um forte interesse pessoal em conduzir uma negociação com uma barganha mais acirrada!

- A crescente disponibilidade de informações baseadas em pesquisas pela internet tem feito os compradores ficarem mais bem informados e, portanto, com um nível mais elevado de conhecimento do mercado ou de *expertise* do que tinham antes. Um complicador adicional é que, como resultado de suas pesquisas, muitos compradores estão também ficando mais mal informados (afinal, um pouco de conhecimento pode ser perigoso!), e isso impõe aos profissionais de vendas uma demanda adicional de desenvolver a capacidade de, fazendo uso de muito tato, reeducar os compradores.

➤ A fim de poder manter suas margens, muitos setores estão desviando seu foco do marketing e da venda de produtos para serviços e soluções. Isso cria uma demanda para os profissionais de vendas, que precisam fazer a transição de uma abordagem de "vendedor de *commodities*" para uma abordagem consultiva de "valor agregado". Muitos vendedores transacionais estão se esforçando para fazer essa transição.

➤ O custo de vendas está se tornando uma grande preocupação para muitas empresas. A venda pessoal é o método mais caro de transferir bens e serviços do fabricante para o cliente, e segundo pesquisas é responsável por até 55% das vendas totais e dos custos de marketing. Pesquisas mostram que alguns métodos tradicionais de vendas (como a *cold calling* [técnica de vendas via chamadas telefônicas a pessoas que não demonstraram interesse no produto ou serviço]) estão se tornando menos efetivas (e, portanto, mais caras) do que costumavam ser.

➤ Em razão dos muitos desafios mencionados acima, as empresas estão se esforçando para maximizar o desempenho de sua força de vendas existente, e os profissionais de vendas estão sentindo a pressão. Assim, esses profissionais precisam de um trunfo – as mais recentes pesquisas de neurociência são esse trunfo.

Neste livro você aprenderá a respeito de "vendas amigáveis ao cérebro", que irão tornar o processo mais fácil para todos os envolvidos. Somos agora capazes de assegurar que nossas mensagens de vendas são amigáveis ao cérebro e têm apelo às partes do cérebro (tanto conscientes quanto inconscientes) envolvidas nas tomadas de decisões.

Profissionais de vendas são um componente vital de uma sociedade capitalista – cada venda "é capitalismo escrito em minúsculas" (Knight, 2008). Sem profissionais de vendas os negócios iriam à falência.

Costumo dizer em minhas palestras: "Nos negócios nada acontece até que alguém venda alguma coisa!". Vender é um dos trabalhos mais importantes (se não o mais importante!) do mundo comercial. Minha esperança é que aquilo que você aprender neste livro torne esse trabalho importante um pouco mais fácil e lhe traga maiores níveis de sucesso e de realização.

Acredito que o futuro de seu sucesso de vendas e, na realidade, o futuro das vendas, está abrigado naquele um quilo e meio, mais ou menos, de células cerebrais contidas na cabeça do seu cliente. O cérebro humano é a estrutura mais complexa do universo conhecido, portanto, vamos começar fazendo uma exploração dele para compreendê-lo melhor.

"**Nos negócios nada acontece até que alguém venda alguma coisa!**"
Vender é um dos trabalhos **mais importantes** (se não o mais importante!) do mundo comercial.

CAPÍTULO 2

AS PREMISSAS DA NEUROCIÊNCIA E COMO ELAS SE APLICAM A VENDAS

O cérebro humano é amplamente visto como o sistema mais complexo, flexível, bem organizado e de alto funcionamento do universo conhecido.

Nosso cérebro controla quase tudo o que fazemos. O cérebro parece ser uma parte relativamente pequena do corpo humano – pesa cerca de um quilo e meio e equivale a apenas uns 2% do nosso peso corporal. No entanto, estima-se que o cérebro humano contém 100 milhões de células nervosas, os neurônios, e que ele consome 20% do oxigênio que respiramos e utiliza 20% da energia que consumimos. Esse enorme consumo de oxigênio e de energia é necessário para alimentar as milhares de reações químicas que ocorrem no cérebro a cada segundo. Essas reações químicas dão suporte a nossas ações e comportamentos. Essa teoria, porém, é mais complexa do que isso. Há vários outros fatores envolvidos: níveis diferentes dessas substâncias químicas podem produzir efeitos específicos; essas substâncias fazem coisas diferentes em diferentes partes do cérebro; cada uma interage com outras de várias maneiras, sob diversas circunstâncias. Cada uma se harmoniza com muitos outros sistemas corporais e circuitos cerebrais, instaurando complexas reações em cadeia.

Deve ser apontado que a neurociência é o estudo científico não só do cérebro, mas do restante do sistema nervoso também. O cérebro é a parte central do sistema nervoso. O sistema nervoso nos permite reagir ao que experimentamos no mundo à nossa volta.

O sistema nervoso tem duas divisões principais. O sistema nervoso central é composto pelo cérebro e pela medula. As fibras nervosas que saem para o corpo a partir do sistema nervoso central formam o sistema nervoso periférico. Os nervos periféricos estão constantemente enviando informações ao sistema nervoso central, que as processa e então envia de volta sinais para o sistema nervoso periférico.

Este livro explora como podemos aplicar o conhecimento obtido a partir das pesquisas de neurociência sobre a operação do nosso cérebro e do restante do sistema nervoso, a fim de ganhar uma vantagem em persuadir outras pessoas a tomarem decisões que beneficiem elas próprias e a nós, profissionais de vendas, consequentemente.

Por razões de facilidade de leitura, refiro-me ao "cérebro" em seu sentido mais abrangente, como parte integrante do sistema nervoso mais amplo. Portanto, a não ser que haja referência específica a uma parte em particular do sistema nervoso ou do cérebro, você pode pressupor que estou me referindo ao sistema nervoso como um todo.

Durante décadas, neurocientistas e neuropsicólogos têm pesquisado e estudado o cérebro humano para compreender melhor como funciona e que processos cerebrais influenciam nosso comportamento e nossas ações. Conhecimento e compreensão sobre o cérebro vêm crescendo rapidamente, e a vasta maioria das principais descobertas e conhecimento a respeito do cérebro foi feita nos últimos dez a quinze anos. Mais pesquisa foi realizada e publicada sobre o cérebro nesse período de tempo do que ao longo de toda a história humana.

Uma das razões para essa aceleração do conhecimento é a disponibilidade de tecnologia de imagens do cérebro, como a eletroencefalografia (EEG), que utiliza sensores para capturar os pequenos sinais elétricos que a atividade do cérebro produz. Outra tecnologia é a imagem por ressonância magnética funcional [*functional magnetic resonance imaging,* fMRI], que mede o aumento dos níveis de oxigênio no fluxo sanguíneo que ocorre no interior do cérebro. Isso indica quando a atividade de partes específicas do cérebro é mais intensa. Em resumo, a EEG é boa para saber quando ocorre atividade no cérebro e a fMRI é boa para saber onde a atividade do cérebro está ocorrendo.

Como resultado dessas pesquisas, começamos a ter uma compreensão mais profunda de como o cérebro funciona quando toma decisões. Essa é uma área de grande interesse para profissionais de vendas, porque nosso trabalho é influenciar pessoas e persuadi-las a tomar decisões e praticar ações. Quanto mais formos capazes de compreender como o cérebro funciona ao tomar decisões para empreender ações, mais capazes seremos de compreender de que maneira podemos ajustar nossa abordagem – de vendas, mensagens e comportamento – para alcançar os resultados que queremos para nossos clientes e para nós mesmos.

Costumamos pensar que nossos clientes e potenciais clientes são indivíduos inteligentes e racionais que tomam decisões bem ponderadas e lógicas. Costumamos achar que percorrem algum processo para examinar e considerar os aspectos e benefícios do produto ou serviço que está sendo oferecido e que processam essa informação de uma maneira lógica a fim de chegar à decisão correta. Quando nossos clientes e *prospects* não tomam a decisão que gostaríamos que tomassem, achamos que estão equivocados e que são tontos! Sabemos muito bem o que teríamos feito no lugar deles. A resposta seria óbvia – só era preciso que fossem tão ponderados e racionais quanto nós obviamente somos!

No entanto, pesquisa de neurociência lança nova luz sobre como as pessoas de fato tomam decisões, e você pode achar essa verdade chocante:

> Segundo neurocientistas cognitivos, somos conscientes apenas de cerca de 5% de nossa atividade cognitiva; portanto, a maioria de nossas decisões, ações, emoções e comportamentos depende 95% da atividade cerebral que vai além de nosso controle consciente.

> (Szegedy-Maszak, 2005)

A maior parte do pensamento humano (incluindo a tomada de decisão) acontece abaixo do nível de consciência que controlamos – isto é, acontece na nossa mente inconsciente (ou, como é às vezes chamado, no nosso subconsciente).

Vamos definir o que se indica geralmente com mente consciente e mente inconsciente. Sua mente consciente é seu nível de mente objetivo, que raciocina. É a mente da qual você tem consciência quando está plenamente acordado. É a mente com a qual você conscientemente "pensa" – e tem consciência de seus processos cognitivos (pensamento). A mente inconsciente consiste nos processos que ocorrem automaticamente e não estão usualmente disponíveis a um autoexame ou metacognição de nossos processos de pensamento ("cognição a respeito da cognição", ou "ter ciência daquilo que você sabe" ou "pensar sobre o que se está pensando"). Esses processos podem ser de pensamento, de memória e de motivação. Sua mente inconsciente é o nível automático, subjetivo de sua mente. Ela opera abaixo do nível da consciência. É uma mistura de pensamentos, emoções, sentimentos, memórias e outros processos cognitivos, dos quais não temos consciência e que provavelmente não somos capazes de explicar ou articular. Você pode às vezes ter uma vaga noção dessa atividade mental que existe fora de sua consciência. Um exemplo disso seria uma impressão ou intuição que você se esforça para articular. E são essas impressões que podem fazer a diferença entre os clientes dizerem sim ou dizerem não à sua proposta de vendas.

Neste livro, a mente inconsciente, ou, mais precisamente, o inconsciente cognitivo, é definida como todos os processos mentais que operam fora do conhecimento consciente.

Para ilustrar como a mente consciente e a inconsciente operam, nossos sentidos recebem e assimilam mais de 10 milhões de bits de informação por segundo! Nosso cérebro consciente é capaz de processar apenas 40 bits de informação por segundo. O resto precisa ser processado inconscientemente. A mente inconsciente irá processá-las com rapidez utilizando um atalho de interpretação instintivo baseado em bom/ruim, que lhe permite prestar atenção, quando exigido, a qualquer coisa que ameace ou que seja útil à sobrevivência e ao bem-estar.

Esse processo inconsciente influencia sentimentos, decisões, comportamentos e ações – na realidade a grande maioria dos pensamentos e sentimentos que influenciam o comportamento de seu cliente –, e essas decisões sobre comprar seu produto ou serviço se dão na mente inconsciente:

> Pelo menos 95% de toda a cognição ocorre abaixo do limiar de consciência, nas sombras da mente, e apenas 5%, quando muito, ocorre na consciência de alta ordem.
>
> (Zaltman, 2003)

Além disso, emoções são parte integral do processo de tomada de decisão das pessoas. Como veremos no próximo capítulo, embora haja diferentes áreas do cérebro largamente responsáveis por processar emoções e outras por processar informações mais lógicas, essas áreas se comunicam e, de maneira conjunta, influenciam nossa tomada de decisão. Emoção e razão são elementos entrelaçados do nosso processo de tomar decisões. Influenciam e recebem influências.

Como você verá no próximo capítulo, o centro emocional do cérebro é uma das partes mais antigas dele em termos evolucionários, e exerce a principal influência em nosso pensamento e no processo de tomada de decisão. "A maior parte do que fazemos a cada minuto de cada dia é inconsciente" (Paul Whelan, neurocientista, Universidade de Wisconsin).

Portanto, temos agora uma maior compreensão do que acontece no interior do cérebro das pessoas quando tomam decisões de compra. Estamos começando a entender os obstáculos e desafios que o cérebro coloca aos profissionais de vendas.

Ao avançar, exploraremos como tornar nossa abordagem e processo de vendas "amigáveis ao cérebro", para assegurar que o cérebro do comprador, tanto em nível consciente quanto inconsciente, fique aberto e receptivo à nossa mensagem de vendas e reaja positivamente a ela. O processo "Neurovendas" que veremos a seguir é uma abordagem de vendas bem-sucedida baseada no cérebro e amigável a ele.

Mas antes quero levá-lo a um passeio guiado pelo interior do cérebro de nosso cliente – ou melhor, pelos três cérebros de nosso cliente –, que é assunto do próximo capítulo.

CAPÍTULO 3

UMA VISITA GUIADA PELOS TRÊS CÉREBROS DO SEU CLIENTE

> "Se o cérebro humano fosse tão simples
> que nos permitisse compreendê-lo,
> seríamos tão simples que não
> conseguiríamos compreender."
> (Lyall Watson, autor)

A fim de compreender como o cérebro funciona quando estamos vendendo para ele, é necessário conhecer algo sobre sua estrutura e sobre como ele opera. Embora este livro tenha sido projetado para ser de natureza muito prática, sua capacidade de implementar com sucesso as estratégias de venda amigáveis ao cérebro aqui descritas será incrementada se você tiver um conhecimento operacional do cérebro humano. Este capítulo irá ajudá-lo a entender justamente isso.

Nosso cérebro é vital para a nossa existência. Ele regula atividades involuntárias como a respiração, a digestão e o batimento cardíaco. Também serve como sede da consciência humana, armazenando memórias e permitindo-nos experimentar emoções. Nosso cérebro nos permite sobreviver. Além disso, como veremos no Capítulo 6, é ele que nos dá nossas personalidades e faz de nós o que somos.

O cérebro é muito complexo – de fato, como mencionado no Capítulo 2, é a estrutura mais complexa do universo conhecido! Como resultado, a linguagem neurocientífica a respeito do cérebro também é extremamente complexa.

Se você está lendo este livro, é provável que não seja neurocientista (olá e também uma calorosa acolhida a qualquer neurocientista que possa estar lendo este livro!), mas é alguém interessado em compreender como o cérebro funciona quando toma decisões, a fim de poder usar esse insight para vender de maneira mais fácil e eficaz aos cérebros com os quais interagimos. Portanto, o que segue é uma simplificação de um cérebro muito complexo.

O cérebro é uma série de redes incrivelmente complexas e interconectadas (o cérebro tem o equivalente a mais de 300 mil quilômetros de "fiação"), e com capacidades incríveis. Ele contém mais de 100 bilhões de células cerebrais chamadas neurônios, com 100 mil a 1 milhão de diferentes reações químicas tendo lugar a cada minuto, e é capaz de fazer cerca de 200 bilhões de cálculos por segundo. Novas descobertas a respeito dele, como funciona e do que é capaz continuam sendo feitas regularmente.

Para propósitos práticos este livro irá conter muitas simplificações radicais. Por exemplo, se eu digo que "esta parte do cérebro é responsável por X", devemos lembrar que nenhuma parte do cérebro atua sozinha ou faz apenas uma coisa. Todos os pensamentos, emoções e ações que temos são resultado de muitas partes do cérebro trabalhando e agindo juntas.

Temos que nos certificar de possuir um conhecimento operacional efetivo da estrutura do cérebro para podermos descobrir como vender a ele da maneira mais eficaz.

Seus clientes (e potenciais clientes) não têm um cérebro apenas – têm três (ver Figura 3.1):

1 **O cérebro primitivo:** compreende o tronco cerebral e o cerebelo e é chamado de "cérebro reptiliano", "cérebro de lagarto" ou cérebro subcortical. É a parte mais antiga do cérebro (em termos evolucionários). Conecta o cérebro à medula espinhal. Para facilidade de compreensão e memorização será mencionado como o cérebro reptiliano neste livro.

2 **O mesencéfalo:** compreende o sistema límbico (descrito em detalhes um pouco mais adiante neste capítulo) e, às vezes, é mencionado também como "cérebro de mamíferos", "cérebro emocional" e como "cérebro verdadeiro". Para facilitar a compreensão e a memorização será mencionado aqui como cérebro emocional.

3. **O cérebro novo:** compreende o córtex e o neocórtex e é chamado de "cérebro humano" ou "cérebro racional". Para facilitar a compreensão e a memorização será mencionado aqui como cérebro racional.

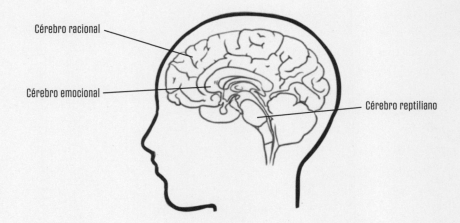

FIGURA 3.1 Os três cérebros de seu cliente

O CÉREBRO REPTILIANO (PRIMITIVO)

O cérebro primitivo recebe seu nome pelo conceito de que ele evoluiu primeiro na história evolucionária dos animais no planeta. Evoluiu há mais de 500 milhões de anos, e é similar ao cérebro inteiro dos répteis atuais. Essa é a razão pela qual é chamado de cérebro reptiliano. E embora nosso cérebro tenha evoluído ao longo do tempo, os elementos básicos dele ainda estão intactos e formam a mais inferior das três camadas de nosso cérebro atual. Essa parte primitiva do cérebro tem a ver com a sobrevivência. Várias células no tronco cerebral determinam o estado de alerta geral do cérebro e regulam processos corporais vitais como o batimento cardíaco e a respiração.

A essa altura você pode estar se perguntando o que essa parte do cérebro tem a ver com vendas. A resposta é: tem muito a ver!

Em primeiro lugar, todos os nervos motores e sensoriais passam pelo tronco cerebral e vão para o resto do corpo, e ele tem papel vital em despertar a atenção básica e a consciência. Por exemplo, há um feixe de células nervosas densamente compactadas localizado no núcleo central do tronco encefálico chamado de sistema ativador reticular. Ele sai do alto da medula espinhal e penetra no meio do cérebro. Além de uma série de outras funções, o sistema ativador reticular é o principal guardião do cérebro, que escaneia e filtra que informações terão sua passagem permitida. Qualquer coisa considerada irrelevante é filtrada e excluída. É como um assistente pessoal ou uma secretária que decide que ligações podem ser encaminhadas ao CEO.

Apenas dois tipos de informações têm acesso permitido: 1) informações que têm valor suficiente para serem admitidas imediatamente; 2) informações que o alertam de alguma ameaça ou perigo. Essa parte primitiva do cérebro tem pouca ou nenhuma paciência se o assunto não tiver imediatamente a ver com o bem-estar e a sobrevivência. Ao primeiro contato com um estranho, por exemplo (como um primeiro encontro com um novo profissional de vendas como você), ele desencadeará instantaneamente uma reação de ameaça e decidirá se o estranho é um amigo ou um adversário. Também determinará se o estranho pode ser uma forma de sustento ou um potencial candidato à reprodução!

Ele prioriza a sobrevivência (evitar dor e perigo) e, depois, o alcance de um conforto (portanto, reagirá primeiro de modo a evitar a dor). Deve ser enfatizado que essa é uma parte mecânica, egoísta e inconsciente do nosso cérebro.

No entanto, ela tem influência muito forte. Por exemplo, se o contato inicial com um profissional de vendas causa algum estresse ao *gatekeeper* (secretária, assistente etc.), é estimulada de forma automática a reação de lutar/fugir/ficar imóvel. Isso pode acontecer numa fração de segundo. Parte desse processo envolve fechar quaisquer outros receptores de mensagens, o que significa que sua oportunidade de se comunicar fica severamente limitada.

Várias das características dessa parte do cérebro serão mencionadas em capítulos posteriores, à medida que examinarmos de que maneira podemos fazer com que essa parte do cérebro do cliente nos veja como amigo (e não como oponente), e classifique, tanto nós quanto o que estamos vendendo, como algo útil e compensador e que, portanto, merece nossa atenção.

O CÉREBRO EMOCIONAL (INTERMEDIÁRIO)

Conforme o cérebro evoluiu, o mesencéfalo ou sistema límbico passou a se desenvolver. Ele é chamado também de cérebro dos mamíferos, pois se acredita que tenha evoluído primeiro neles. É onde as emoções são geradas, e também muitos dos desejos (geralmente relacionados à sobrevivência) que direcionam nosso comportamento. O sistema límbico tem também outras funções. Por exemplo, uma parte do cérebro chamada tálamo age como uma estação retransmissora, encaminhando as informações sensoriais que entram às partes apropriadas do cérebro para posterior processamento.

É importante entender que, embora essa parte do cérebro seja também uma função inconsciente, ela tem profundo efeito sobre nós, pois conecta o tronco cerebral às funções mais elevadas de raciocínio do córtex cerebral, e lhe fornece informações.

O sistema límbico é uma parte do cérebro que, de maneira similar à do cérebro reptiliano, reage por reflexo, instantaneamente e sem qualquer pensamento em tempo real.

Ele tem uma reação verdadeira à informação que vem do ambiente e desempenha papel-chave em desenvolver e expressar nossas emoções instintivas e os comportamentos concomitantes. Por essa razão é às vezes chamado de "cérebro verdadeiro".

Em termos de comportamento é também a parte do cérebro que gera nossa linguagem corporal, e, como veremos no Capítulo 14, a capacidade de um profissional de vendas de ler e reagir adequadamente à linguagem corporal do cliente é uma habilidade poderosa a ser dominada e uma parte importante do processo de "neurovendas" amigável ao cérebro.

Um elemento muito ativo no cérebro límbico é o que poderíamos chamar de "sistema do medo". Esse sistema detecta perigo e produz instintivamente reações e comportamentos que maximizam nossas chances de sobrevivência. A parte central do cérebro envolvida é chamada de amígdala. São pequenas regiões (o cérebro possui duas amígdalas – uma em cada hemisfério) situadas no cérebro frontal, onde o medo é registrado e gerado.

As informações sobre estímulos externos chegam à amígdala por uma via direta que vem do tálamo (a estação retransmissora do cérebro mencionada antes), assim como por uma parte do cérebro chamada córtex, que será descrita logo mais. Como você poderia esperar, a rota direta do tálamo à amígdala é mais rápida do que se a informação passasse primeiro pelo córtex. Isso é uma vantagem em termos de sobrevivência, pois nos permite começar a reagir ao perigo percebido antes de saber direito do que se trata o estímulo.

Se a informação viaja direto até a amígdala, deixa de ganhar os benefícios de um processamento cortical e vira no máximo uma representação tosca do estímulo. A maioria de nós já teve a experiência de ver algo que nosso sistema límbico percebeu como ameaça (tem uma cobra na cerca do nosso jardim!) e que desperta uma reação de medo (por exemplo, nosso batimento cardíaco de repente acelera), e então, depois que o estímulo é avaliado, percebemos que não era uma ameaça – vemos que a cobra, num exame mais próximo, era apenas um pedaço de corda! E relaxamos...

De novo, a essa altura você pode estar se perguntando o que essa parte do cérebro tem a ver com vendas. A resposta (mais uma vez) é: tem muito a ver!

> A amígdala tem maior influência no córtex (onde ocorre o pensamento analítico, racional) do que o córtex tem sobre as amígdalas, permitindo que a excitação emocional domine e controle o pensamento.
>
> (Professor Joseph LeDoux, neurocientista)

A frase "excitação emocional domine e controle o pensamento" tem grande importância para nós, profissionais de vendas. O sistema límbico pode dominar e controlar o pensamento de seu cliente.

Como mencionado no Capítulo 2, a maior parte da cognição, incluindo a tomada de decisão, é inconsciente. Para sermos eficazes em vender devemos nos certificar de que nossas mensagens de vendas são "amigáveis ao cérebro", para que possamos estimular o cérebro límbico emocional de uma maneira que apoie nossa venda em vez de criar problemas a ela. Esse conceito está na essência do processo de "neurovendas" amigável ao cérebro.

O CÉREBRO RACIONAL (NOVO)

O córtex e o neocórtex são as partes mais novas do cérebro (em termos evolucionários). Como essa parte do cérebro é responsável pelo pensamento complexo, é também chamada de "cérebro pensante" ou "cérebro intelectual".

É essa parte do cérebro que tem aptidão para analisar e interpretar dados a um nível que é exclusivo dos seres humanos e nos diferencia do resto do reino animal. Essa parte do cérebro processa informação recebida dos sentidos e regula funções cognitivas como pensamento, fala, aprendizagem, lembranças e tomada de decisão.

Embora o córtex cerebral seja complicado, ele basicamente preenche quatro funções-chave:

1 **Sensorialidade:** é a recepção de sinais sensoriais do mundo exterior. Cada um dos cinco sentidos capta sinais e os envia a regiões específicas do cérebro para cada sentido. Os sinais chegam ao cérebro como pulsos individuais de energia elétrica de cada um dos órgãos dos sentidos, e esses pequenos bits de informação não têm sentido para o cérebro em sua forma bruta. Em resumo, ele está apenas captando informações.

2 **Integração:** aqui é onde os sinais individuais são juntados. Os pequenos bits são combinados em padrões maiores que ganham sentido, como a linguagem e as imagens. Em suma, ele produz sentido para essa informação.

3 **Criação de ideias e planos:** quando as partes já foram integradas a soma delas gera um plano sobre que ação é exigida e onde será realizada. Em resumo, está criando novas ideias.

4 Execução: a função motora então executa esses planos de ação ao enviar sinais motores aos músculos, que atuam de maneira coordenada para criar os movimentos necessários. Em resumo, age sobre as ideias.

Se você olhasse o cérebro de cima veria que ele tem dois hemisférios (divididos pela fissura longitudinal) (ver Figura 3.2), e que ele é coberto por uma fina camada de tecido dobrado e enrugado chamada córtex cerebral. Se desdobrado, o córtex mediria cerca de 60 x 60 centímetros. Os dois hemisférios cerebrais compõem cerca de 85% do peso do cérebro.

FIGURA 3.2 Os dois hemisférios do cérebro de seu cliente

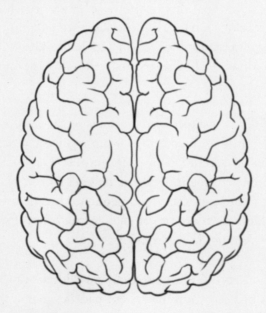

Os bilhões de neurônios desses dois hemisférios estão conectados por feixes de fibras de células nervosas chamadas de corpo caloso [*corpus callosum*], que constantemente transferem informações entre elas. A informação que chega a um hemisfério é quase instantaneamente disponível ao outro, e suas reações estão em estreita harmonia para prover o que parece ser uma percepção perfeita do mundo exterior. Algumas pesquisas sugerem que o corpo caloso é mais desenvolvido no cérebro das mulheres, com muito mais neurônios conectando os hemisférios direito e esquerdo, possibilitando que o cérebro feminino se mova entre as aptidões de processamento de cada hemisfério com maior facilidade que o cérebro masculino.

Embora não sejam idênticos, em grande medida cada um dos hemisférios é a imagem em espelho do outro. A função dos hemisférios tem sido assunto de muito interesse e pesquisa por parte dos neurocientistas. Cada hemisfério parece ter as próprias aptidões especiais, pontos fortes e fracos, e a própria maneira de processar informações.

Talvez em razão da excitação e interesse gerados pela pesquisa das diferenças entre os hemisférios direito e esquerdo, emergiu uma versão supersimplificada do funcionamento dos hemisférios que acabou se popularizando. Ficaram assim assentadas várias dicotomias extremamente rígidas atribuindo várias funções apenas ao hemisfério esquerdo (lógica, ciência, razão, cognição) e outras ao direito (arte, criatividade, intuição, emoção). Embora a neurociência tenha avançado bem além disso, a supersimplificação ainda persiste na percepção do grande público. A concepção de uma divisão tão rígida assim entre as funções dos hemisférios direito e esquerdo é um mito – não só isso, mas um mito muito disseminado!

As regiões do cérebro têm certas funções que decorrem dos sistemas integrados do cérebro dos quais fazem parte. Essas funções são propriedades desses sistemas integrados mais que das áreas isoladas do cérebro. Funções mentais envolvem regiões interconectadas do cérebro atuando juntas.

Dito isto, a pesquisa mostra que os dois hemisférios têm funções específicas "permanentes", que em circunstâncias normais sempre tendem a se desenvolver num hemisfério em particular. O cérebro é muito maleável ou plástico e pode ser influenciado por fatores ambientais, por isso alguns cérebros de fato acabam sendo organizados de maneiras muito diferentes.

Embora essa noção de uma divisão rígida entre as funções dos hemisférios seja simplista, e a constante interação dificulte apontar o que está acontecendo e onde, as imagens cerebrais mostram que a adequação dos hemisférios a funções ou aptidões específicas se dá mais ou menos da maneira entendida popularmente – embora elas não sejam tão rigidamente divididas entre os hemisférios como muitos acreditam. Sob circunstâncias normais, certas habilidades tenderão a se desenvolver num lado particular do cérebro. Acredita-se que os diferentes estilos de processamento e estruturas (há diferenças sutis entre alguns neurônios do lado direito e do lado esquerdo do cérebro) de cada um dos dois hemisférios têm influência nas várias funções que eles tendem a desempenhar.

O hemisfério esquerdo costuma ser descrito como analítico, já que é adequado a reconhecer as partes que compõem o todo. Ele parece especializar-se em processamento linear, sequencial, movendo-se de um ponto a outro passo a passo. É analítico, lógico e preciso. Isso o torna adaptado a pensar e implementar planos detalhados. É visto como mais apto a calcular que o cérebro direito e tem uma afinidade com tudo o que seja mecânico e impessoal. Precisa ter certeza e sentir que tem razão.

O hemisfério direito costuma ser descrito como holístico, já que é adequado a combinar as partes para compor um todo. Parece especializar-se em processamento paralelo ou simultâneo, integrando partes ou componentes individuais e organizando-os num todo. Busca padrões e *gestalts* (totalidades organizadas) e está interessado em relacionamentos. É encarado como mais emocional do que o cérebro esquerdo. Tem afinidade com tudo o que seja vivo e pessoal. O hemisfério direito torna possível sustentar várias possibilidades ao mesmo tempo, e é capaz de tolerar a incerteza. Aptidões como a empatia e a autoconsciência dependem em grande medida do hemisfério direito. Em geral, é mais intimamente conectado ao sistema límbico e está envolvido na experiência de emoções.

> O hemisfério direito é predominantemente programado para a empatia. O hemisfério esquerdo, predominantemente programado para a sistematização.
>
> (Simon Baron-Cohen, Professor de
> Psicopatologia do Desenvolvimento,
> Universidade de Cambridge)

> O hemisfério direito é particularmente apto a processar novas informações e o esquerdo é particularmente apto a processar informações rotineiras, conhecidas.
>
> (Elkhonon Goldberg, Professor de Clínica Neurológica, Faculdade de Medicina da Universidade de Nova York)

Cada um dos hemisférios está dividido em quatro lobos corticais (occipital, parietal, temporal e frontal). Os lobos frontais ficam separados dos lobos parietal, occipital e temporal pelos sulcos centrais e pela fissura lateral. As regiões do cérebro que predominantemente recebem informações sensoriais localizam-se atrás do sulco central e da fissura lateral nos lobos occipital, parietal e temporal. Os lobos occipitais ficam na parte de trás do cérebro e são compostos quase inteiramente por áreas de processamento visual. Os lobos temporais ficam situados em torno das orelhas e lidam com som, compreensão da fala (geralmente apenas o hemisfério esquerdo) e com alguns aspectos da memória. Os lobos parietais ficam acima dos lobos occipitais e lidam com funções ligadas ao movimento, orientação, cálculo e certos tipos de reconhecimento. Diante do lobo parietal situam-se os lobos frontais, que lidam com pensamento, conceitualização e planejamento.

Existe uma diferença funcional entre a parte frontal e a posterior do córtex. Informações sensoriais do mundo exterior vão predominantemente para o córtex sensorial na parte posterior do cérebro. Essa parte do córtex está envolvida com memória de longo prazo e é onde o cérebro mapeia nosso conhecimento do mundo. Contém dados do passado e é onde são feitas conexões entre diferentes experiências.

Essa grande região na parte posterior do cérebro (abrangendo os lobos occipital, parietal e temporal) não é apenas uma área para processamento de informações sensoriais; é também onde informações de vários sentidos são associadas e integradas para processamento de ordem mais elevada.

A parte posterior do cérebro é descrita pelo Mapeamento Cerebral PRISMA (que será tratado extensamente no Capítulo 6) como o "cérebro banco de dados".

A parte frontal do córtex é onde algumas das funções mais avançadas do cérebro são desempenhadas. Elas são às vezes referidas como "funções executivas". É nela que os pensamentos são organizados de modo a fazer sentido, que as coisas são ponderadas e examinadas, que são tomadas decisões voltadas à ação (ou falta de), desenvolvidos planos e o progresso é monitorado. Esta é a parte do córtex ativa ao criar ideias e resolver problemas. A parte frontal do córtex é mais orientada para o futuro.

Uma seção importante do cérebro envolvida nas atividades acima citadas é o chamado córtex pré-frontal. Essa é uma seção da camada mais externa do cérebro que fica atrás da testa. Foi a última grande região do cérebro a evoluir. Embora constitua apenas cerca de 5% do volume do cérebro, é a parte principal do cérebro que dá aos seres humanos uma grande vantagem como espécie. O córtex pré-frontal coexiste com o sistema límbico num delicado equilíbrio. É o córtex pré-frontal que atua para restaurar o equilíbrio quando as emoções são agitadas e ficam potencialmente fora de controle. Em situações de emergência e grande estresse o sistema límbico emocional assume o controle do cérebro.

Embora viva nos tempos modernos, nosso cérebro não mudou significativamente durante 100 mil anos e, num nível inconsciente, pode tratar as situações estressantes dos dias de hoje que claramente não são ameaças à vida como se o fossem. Quando isso ocorre, o sistema límbico torna-se dominante e o córtex racional não é capaz de funcionar tão efetivamente quanto desejado.

Como veremos mais adiante, isso pode ser muito importante para o nosso sucesso como profissionais na hora de fechar uma venda!

NEURÔNIOS-ESPELHO

Agora que você tem uma compreensão dos três cérebros de seu cliente, gostaria de explorar uma das mais fascinantes descobertas da neurociência – os neurônios-espelho. Foram descobertos pelo neurocientista doutor Giacomo Rizzolatti, da Universidade de Parma, na Itália. O doutor Rizzolatti e sua equipe estavam realizando experimentos com neurônios motores (neurônios que carregam sinais da medula espinhal para os músculos com o objetivo de produzir movimento) e contavam com a ajuda de alguns macacos cuja atividade cerebral vinha sendo monitorada. Um dia, um assistente do laboratório voltou de uma pausa comendo um sorvete. Havia um macaco que também estava numa pausa de sua participação nos experimentos, simplesmente sentado numa postura relaxada. Ao ver o sorvete sendo consumido, foi disparada atividade elétrica em seu cérebro como se ele estivesse de fato consumindo o sorvete. Ele até fazia os movimentos físicos correspondentes, como levantar os braços para levar o sorvete à boca, embora não estivesse comendo, mas apenas vendo alguém comer.

Isso despertou o interesse de Rizzolatti, e então sua equipe desenvolveu uma série de estudos. Num deles, quando um macaco via outro macaco ou um ser humano comendo um amendoim, os neurônios no cérebro do macaco disparavam como se ele estivesse também comendo amendoim. Repetidas vezes os neurônios do córtex pré-frontal reagiram à *percepção* das ações que estavam sendo observadas.

A teoria a respeito dos neurônios-espelho é que, quando você vê alguém desempenhando uma ação – por exemplo, participando de um determinado esporte –, automaticamente simula aquela ação no seu cérebro. Mas não é apenas a ação física que é simulada. Neurônios-espelho parecem ser capazes de reproduzir ou imitar quase qualquer coisa que experimentemos, inclusive as emoções que outra pessoa está sentindo. Se você observar um grupo de torcedores de um esporte assistindo a seu time favorito irá vê-los assumindo tensões físicas, mexendo-se, contraindo-se, incentivando e sorrindo, conforme seus neurônios-espelho reagem à ação que acontece no campo de jogo. Reagem quase como se estivessem eles mesmos jogando.

Para continuar no exemplo do esporte, é interessante notar como nossos neurônios-espelho reagem quando vemos uma bola sendo chutada, ou quando simplesmente ouvimos uma bola ser chutada ou mesmo quando dizemos a palavra "chutar" ou ouvimos alguém pronunciá-la.

Ao assistir a um filme ou uma peça de teatro vemos atores usando as emoções para expressar como seus personagens estão se sentindo, e nossos neurônios-espelho inspiram os mesmos sentimentos em nós, comovendo-nos emocionalmente e deixando-nos excitados, tensos, tristes ou felizes.

No programa de televisão da PBS chamado *NOVA scienceNOW* (PBS, 2005), o apresentador Robert Krulwich participou de um experimento com o professor Marco Iacoboni, da UCLA, em que ele examinava uma série de fotos de diferentes expressões faciais enquanto seu cérebro era escaneado por uma máquina fMRI. Na primeira parte do experimento, pediram a Krulwich que imitasse fisicamente as expressões faciais que ia vendo. Na segunda parte do experimento pediram a Krulwich que apenas olhasse para as fotos das expressões faciais, mas continuasse imóvel.

Os resultados mostraram que a parte do cérebro de Krulwich que era ativada quando ele fazia as expressões faciais também era ativada quando ele apenas via as expressões faciais sem imitá-las. Além disso, quando Krulwich via uma expressão de rosto feliz, a "parte emocional feliz" de seu cérebro era ativada, mesmo quando ele não fazia nenhuma expressão facial. Quando ele de fato imitava a expressão facial, a parte relevante do cérebro ficava ainda mais ativa. O professor Iacoboni acredita que os neurônios-espelho conseguem enviar mensagens ao sistema límbico e nos permitem entrar em sintonia, ter empatia com e nos conectar com as emoções uns dos outros.

Segundo alguns, os neurônios-espelho são também um sistema de aprendizagem muito poderoso, pelo qual podemos rapidamente aprender dos outros à medida que neurônios-espelho reagem quando os observamos desempenhando certos comportamentos. Neurônios-espelho são às vezes chamados de "neurônios macaco vê macaco faz".

Uma teoria adicional é que os neurônios-espelho são um poderoso sistema de prever a sobrevivência, como expresso pelo doutor Giacomo Rizzolati: "Nossa sobrevivência depende de compreender as ações, intenções e emoções dos outros... Os neurônios-espelho nos permitem captar as mentes dos outros não por meio de uma compreensão conceitual, mas por meio de uma simulação direta. Pela emoção, não pelo pensamento" (Blakeslee, 2006).

Vimos, portanto, que o cérebro humano possui múltiplos sistemas de neurônios-espelho que se especializam em compreender as ações das pessoas, o significado social de seu comportamento, suas emoções e suas intenções.

O professor Iacoboni acredita firmemente que os neurônios-espelho proporcionam um mecanismo unificador que permite às pessoas se conectarem num nível simples. Como ele afirma: "Neurônios-espelho sugerem que fingimos estar no lugar da outra pessoa. Na realidade, com os neurônios-espelho não precisamos fingir; praticamente estamos de fato na mente de outra pessoa" (Than, 2005).

Vamos retornar a esse fascinante assunto dos neurônios-espelho e de como podemos aplicá-los para uma venda eficaz no Capítulo 9.

Com isso concluímos nosso passeio pelos três cérebros do seu cliente, e muitos dos temas que vimos neste capítulo serão mencionados também ao longo deste livro. No próximo capítulo, vamos explorar o processo pelo qual nossos clientes passam (e seus cérebros) quando compram alguma coisa.

CAPÍTULO 4

O PROCESSO DE COMPRA E O CÉREBRO COMPRADOR

Existe um processo envolvido em uma venda bem-sucedida. Na realidade, vender é um processo. Alguns dos clientes com os quais trabalho têm um processo de vendas estruturado que sua liderança de vendas os incentiva a usar e treina o pessoal de vendas para isso.

Uma situação mais comum com a qual deparo é trabalhar com clientes que não têm um processo de vendas (ou pelo menos não têm até eu me envolver!). Seu pessoal de vendas faz o melhor que pode e em certa medida eles "criam esse processo conforme vão avançando". Acabam tendo uma abordagem que eles seguem, mas é provável que seja em bom grau inconsciente e baseada em um histórico de tentativa e erro. Embora haja pessoas de vendas bem-sucedidas nas empresas que não adotaram um processo de vendas estruturado, seu sucesso terá sido mais o resultado de um acidente do que de um projeto. Em geral, uma força de vendas com desempenho fraco é o resultado de todas as categorias de pessoas de vendas que a compõem, das de baixo desempenho às do topo do *ranking*, que nunca alcançam todo o seu verdadeiro potencial de vendas.

O grau de sucesso que as pessoas de vendas experimentam costuma estar diretamente relacionado com sua capacidade de seguir um processo de vendas testado e comprovado. Quando um processo de vendas comprovado é seguido corretamente o resultado é um aumento das vendas.

No Capítulo 8 você será apresentado a um processo de vendas inovador, "amigável ao cérebro" – mas veremos isso mais adiante!

Uma situação ainda mais preocupante é que eu posso contar nos dedos de uma mão o número de clientes com os quais entro em contato cujo processo de vendas está orientado em torno e direcionado ao *processo de compra do cliente*. Se pararmos um momento para pensar, então essa pode ser encarada como uma situação preocupante. Nesse caso, o pessoal de vendas estará orientando seu processo de vendas (se é que têm de fato um processo consciente) aos seus próprios objetivos e intenções. Estarão em grande medida considerando o processo de vendas a partir do seu ponto de vista. Portanto, trata-se de um processo de vendas que eles, de alguma forma, forçam o cliente a seguir. O foco está em grande parte no resultado que o pessoal de vendas quer alcançar.

Isso é preocupante porque o cliente é a pessoa mais importante na interação de vendas. Para começar, os clientes têm o dinheiro! São os clientes que tomarão a decisão final de comprar de você ou não, e só vão fazer isso se acreditarem que a aquisição irá beneficiá-los no sentido de permitir que alcancem seus propósitos e objetivos. Ou seja, faria todo sentido considerar as coisas a partir da perspectiva deles, não é?

Tenho a impressão de que alguns profissionais de vendas experientes, ao lerem isso, ficarão um pouco ofendidos por eu deixar implícito que eles não estão focados no cliente. Bem, não estou pressupondo que você não esteja focado no cliente – estou pressupondo que você não está focado o suficiente!

E se você ainda não faz isso, vou convidá-lo a considerar o processo de vendas em termos do processo de compra do cliente. A ideia é assumir o ponto de vista do cliente, identificar o processo pelo qual ele passará ao se orientar para uma decisão de compra e depois *alinhar nosso processo de venda para que se ajuste ao processo de compra do cliente*. Fazendo isso, estaremos dando aos clientes o que precisarem para se mover pelo *processo de compra deles* até uma conclusão bem-sucedida. Quando isso é bem feito, a conclusão bem-sucedida normalmente envolve a decisão de comprar de você.

Portanto, se profissionais de vendas bem-sucedidos orientam seu processo de vendas de modo que se alinhe e acompanhe o processo de compra do cliente, então qual será o aspecto do processo de compra do cliente? Para ilustrar isso, vou usar um exemplo que a maioria das pessoas já deve ter experimentado ao comprar um novo equipamento eletrônico, seja televisão, laptop, tablet ou smartphone. Esse é um tipo de compra razoavelmente importante para a maioria das pessoas e, portanto, o normal é não ser uma compra rápida, por impulso (embora sempre haja exceções!).

Em primeiro lugar, você identifica que tem um problema. Por exemplo, seu televisor atual quebrou, o desempenho de seu laptop começou a piorar ou você se deu conta de que seu atual telefone está parecendo muito ultrapassado em comparação com os modelos mais novos que seus amigos estão usando. Então você passará por um processo de identificar uma possível solução para o seu problema. Talvez faça uma pesquisa na internet, leia algumas revistas que contenham informações úteis, peça conselhos aos seus amigos, visite uma ou mais lojas para dar uma olhada e pedir orientações ao pessoal de vendas que atende. Dependendo da compra e do seu tipo de personalidade (mais sobre isso a seguir!) essa pode ser uma etapa curta ou longa do seu processo de compra. A partir das informações que tiver recolhido, você vai então refinar isso e identificar sua solução preferida para o problema. Por exemplo, o modelo de smartphone que você quer já está decidido ou as especificações de seu novo tablet estão definidas. Então você vai identificar potenciais fornecedores e talvez fazer cotações de preços e compará-las para determinar onde realizará sua compra. Pode usar as informações que coletou para negociar com mais de um fornecedor, talvez confrontando uns com os outros. Finalmente, você tomará sua decisão e comprará o item desejado. Assim que tomar posse do produto, avaliará sua compra em relação aos critérios ou especificações que tiver definido.

Esse é um processo bem simples e direto, pelo qual a maioria de nós deve ter passado muitas vezes como consumidor. Talvez você já tenha vivido a experiência, que tive várias vezes com grandes varejistas de eletrônicos, de estar num estágio inicial do seu processo de compra (por exemplo, coletando informações sobre possíveis opções) e deparar com um profissional de vendas numa loja cujo único foco era fazê-lo comprar o mais rápido possível – pressionando-o a agarrar aquela "promoção especial imperdível". Esse profissional de vendas claramente já estava bem mais à frente no processo de compra em relação a você, o que é muito desconfortável, e, embora fosse movido por um forte desejo (compreensível) de fechar a venda o mais rápido possível, ele se mostrou bem pouco profissional.

O processo de compra e o cérebro comprador

No nível individual, varia de pessoa para pessoa o quanto o processo de compra é consciente e bem ponderado. Por exemplo, você deve lembrar do Capítulo 2 quando dissemos que 95% da atividade cerebral, incluindo a tomada de decisão, tem lugar abaixo do controle consciente. No entanto, eu diria que o processo ali descrito em certo grau é seguido também em compras significativas.

No caso de uma compra em larga escala (em termos da quantidade de dinheiro envolvida ou da importância estratégica da decisão de compra), costuma ser seguido um processo de aquisição mais definido e formal. Os passos comuns não são muito diferentes daqueles de um processo de compra pessoal como o descrito acima e geralmente consistem em alguma variação dos seguintes aspectos:

1 Identificar a necessidade ou problema ou ter consciência de que existe uma necessidade ou problema.

2 Identificar as características de uma possível solução.

3 Procurar possíveis fornecedores da solução.

4 Requisitar propostas de solução de um ou mais fornecedores.

5 Analisar as propostas de solução.

6 Avaliar as propostas de solução a fim de determinar o fornecedor preferido.

7 Negociar os termos com o fornecedor escolhido.

8 Elaborar o contrato.

9 Integrar e introduzir o fornecedor.

10 Revisar o desempenho do fornecedor.

Se os clientes têm um processo de compra identificado e estruturado, eles geralmente irão compartilhá-lo com você. Sua tarefa então será alinhar o seu processo de vendas aos processos de compras dos clientes, oferecendo exatamente o que eles precisam, na hora em que precisam, tornando a venda bem mais fácil. Ter consciência dos processos de compras dos clientes permite que você tome a dianteira no jogo e esteja bem preparado à medida que cada um de seus estágios se apresenta.

Se, como costuma ocorrer, os clientes não têm um processo de compra formalizado ou consciente, então é importante descobrir o processo pelo qual irão passar. Como 95% da atividade cerebral é inconsciente, os clientes podem ter um processo inconsciente ou intuitivo a seguir, e talvez seja útil, tanto para eles quanto para você, tornar isso mais consciente. É muito útil fazer perguntas para extrair deles esse processo (em grande medida) inconsciente. Alguns exemplos:

➤ "Que processo você seguirá para tomar sua decisão?"

➤ "Como tomará a decisão a respeito do que é mais adequado para você?"

➤ "De que maneira você seleciona a solução ou o fornecedor certo?"

Ajudar os clientes a ter clareza sobre como irão tomar suas decisões de compras agrega valor aos clientes e o ajuda a se posicionar como um fornecedor que merece crédito, que é prestativo e útil.

AVANCE!

É uma prática excelente você se envolver no processo de compra o mais cedo possível. Se você, por exemplo, conseguir se envolver nos primeiros estágios da identificação da necessidade ou do problema e da identificação das características da possível solução, estará mais bem posicionado para influenciar e moldar a compreensão do cliente a respeito do que ele precisa exatamente. Voltaremos a esse assunto ao examinarmos o processo de "neurovendas" amigável ao cérebro, no Capítulo 8.

Tendo definido qual é o processo de compra típico, podemos agora avançar um passo e integrar o que compreendemos sobre como o cérebro funciona quando toma decisões de compra.

UM CÉREBRO PRIMITIVO NUM MUNDO MODERNO

Para compreender plenamente como o cérebro opera ao tomar decisões de compra é importante lembrar que foi há cerca de 100 mil anos que o nosso cérebro alcançou sua atual forma e tamanho. Nossos cérebros, apesar de altamente adaptáveis, não tiveram muito desenvolvimento ou mudança nos últimos 100 mil anos, portanto, apesar de vivermos num mundo moderno e mais seguro (comparado com o de nossos ancestrais primitivos), boa parte de nossa função cerebral (em particular o funcionamento de nosso cérebro inconsciente) continua projetada para garantir nossa sobrevivência, como descrito no Capítulo 3.

Nosso cérebro está sintonizado para desempenhar essa tarefa. Ele evoluiu numa época em que a comida podia ser escassa, e se você quisesse continuar vivo precisava ser capaz de caçar com eficácia, detectar prontamente perigos, e distinguir amigo de inimigo. Além disso, você precisava também assegurar a continuidade de sobrevivência de sua espécie, portanto, também fazia parte de suas prioridades achar um par adequado e se reproduzir – por isso, de várias maneiras, não são tantas assim as coisas que *de fato* mudaram!

Isso tem importantes desdobramentos quando examinamos as melhores maneiras de vender para o cérebro de nosso cliente. Como mencionado, a maioria das nossas decisões, ações, emoções e comportamentos depende 95% de atividade cerebral que ocorre além de nosso controle consciente. Apesar de gostarmos de achar que somos (assim como nossos clientes) bons pensadores e tomadores de decisões inteligentes, racionais e lógicos, na realidade a maior parte de nossos pensamentos e emoções que exercem influência sobre nós ocorre nas áreas mais primitivas e inconscientes de nosso cérebro. Apesar de gostarmos (nós e nossos clientes) de achar que tomamos decisões muito sensatas e conscientes, e que seguimos um processo estruturado que nos leva a considerar meticulosamente os principais atributos e critérios que um produto ou serviço pode nos oferecer, isso constitui uma parte relativamente pequena de como tomamos decisões.

Precisamos levar em conta que, no cérebro humano, a tomada de decisão ocorre em dois níveis (no mínimo): no córtex racional mais evoluído e na área mais primitiva, subcortical, do cérebro límbico e reptiliano.

Na realidade, as emoções das pessoas estão intimamente entrelaçadas com os processos racionais. Embora nossos cérebros tenham estruturas separadas para processar emoções e raciocínio lógico, os dois sistemas se intercomunicam e juntos afetam nosso comportamento. Mais importante ainda, o sistema emocional – o mais antigo dos dois em termos de evolução – exerce tipicamente a primeira força em nosso pensamento e comportamento. Mais importante ainda, as emoções contribuem e são essenciais a uma tomada de decisão saudável... Na verdade, a tomada de decisão depende do funcionamento simultâneo de razão e emoção.

(Zaltman, 2003)

As partes mais antigas do cérebro exercem uma influência poderosa no nosso comportamento. Nosso cérebro processa a grande maioria dos dados recebidos de nossos sentidos inconscientemente, e as partes primitivas do cérebro podem e de fato reagem inconscientemente a estímulos em questão de milissegundos. Ou seja, mais rápido que o córtex racional. Na sua essência, o cérebro é muito emocional, o córtex e o sistema límbico coexistem num equilíbrio delicado, e o imenso poder das partes mais primitivas do cérebro não pode ser negligenciado se quisermos vender com sucesso para ele. O sistema límbico reagirá mais rápido e antes do córtex, portanto, pode ter grande influência em como o cérebro está funcionando e consequentemente no quanto será receptivo à sua mensagem de vendas.

No Capítulo 8 vamos descobrir como abordar um cliente de uma maneira "amigável ao cérebro", de modo que este nos aceite e receba bem nossa mensagem de vendas, em vez de rejeitá-la.

AFASTE-SE DO PERIGO; VÁ EM BUSCA DA RECOMPENSA

Um princípio fundamental de organização e operação de seu cérebro, que conduz seu pensamento, seu comportamento e sua ação, é evitar e se afastar de qualquer coisa percebida como dolorosa, perigosa ou ameaçadora, e ir em direção ao que quer que se mostre prazeroso, reconfortante ou recompensador. Em essência, trata-se de um instinto de sobrevivência bem assentado no cérebro humano. Desempenhou um papel crucial em nossa evolução e, embora nem sempre seja útil na prática nesse nosso mundo moderno mais seguro, ainda molda nosso comportamento e o de nossos clientes.

> Tudo o que você faz na vida está baseado na determinação de seu cérebro de minimizar o perigo ou maximizar a recompensa. Minimizar o perigo, maximizar a recompensa é o princípio de organização do cérebro.
>
> (Gordon, 2000)

Embora esses impulsos de "afastar-se" do perigo e "ir em busca de recompensa" sejam ativos o tempo todo no cérebro humano, é o impulso de "afastar-se" que se mostra mais forte e mais rápido. Se pensarmos no perigo quase constante que nossos ancestrais experimentavam, faz sentido em termos evolucionários dar prioridade a nos manter seguros de sofrer ferimentos ou perder a vida concedendo a esse impulso uma reação límbica mais forte. É muito raro que a maioria das pessoas em nossa sociedade moderna fique exposta a uma ameaça genuína de ser ferido ou de morrer. No entanto, o instinto de sobrevivência firmemente arraigado de "afastar-se de" ainda está ativo o tempo todo.

Situações ou estímulos que parecem ser ou que estão codificados pelo cérebro como ameaçadores podem também desencadear a reação de "afastar-se de". Isso inclui perder o controle, perder aprovação, perder status ou cargo, entrar numa sala onde só há estranhos, falar em público, mudanças que nos sejam impostas, perder o emprego e, no caso de cliente tomando uma decisão de compra, o temor de que o profissional de vendas possa nos enganar, fraudar ou iludir de alguma maneira e nos levar a uma decisão de compra insensata. Além disso, deparar com uma pessoa que não conhecemos pode disparar no cérebro humano a reação de se sentir ameaçado.

Embora poucos desses cenários sejam uma real ameaça em termos de sofrer lesões ou de morrer, as partes reptilianas e emocionais do cérebro não são capazes de lidar com lógica e análise. São instintivas e automáticas, e muitos estímulos serão categorizados como representando uma ameaça por essas partes do cérebro. Falar diante de um grande número de pessoas é um exemplo com o qual muitas pessoas serão capazes de se identificar.

Se a reação de ameaça for desencadeada, os recursos de glicose e oxigênio serão removidos do córtex pré-frontal do cliente, que terá maior dificuldade para tomar decisões e pensar em novas ideias e conceitos. O cérebro do cliente provavelmente assumirá processos automáticos ou inconscientes e cometerá um equívoco, por conta da cautela, na tentativa de minimizar os riscos.

Entre as recompensas pelas quais o cérebro tem interesse podem estar comida, sexo, relacionamentos e conexão com os outros, aprovação de outras pessoas, satisfação por ter conseguido (o cérebro é orientado a metas), certeza, felicidade e satisfação. A todo momento seu cérebro fica escaneando seu ambiente, procurando sinais de perigo ou oportunidades de recompensa. Portanto, conforme seus clientes percorrem os diversos estágios do processo de compra, os cérebros deles estarão constantemente à procura de sinais perceptíveis de perigo ou recompensa.

Num nível consciente e também particularmente inconsciente, os cérebros dos clientes estarão se afastando da dor e buscando recompensa, com perguntas do tipo: "Será que isso alivia minha dor, resolve meus problemas, atenua minhas frustrações, reduz meu estresse, me dá maior segurança no emprego, tira meu chefe do meu cangote, impede que eu seja demitido ou faça papel de idiota, incompetente ou incapaz?". "Será que isso me dará prazer, vai melhorar minha aparência, melhorar minha aprovação pelos outros, vai me proporcionar mais tempo livre, me fazer ganhar mais dinheiro, me ajudar a alcançar resultados, a tomar uma decisão mais sábia, aumentar meu reconhecimento, contribuir para que alcance minhas metas ou trazer algum benefício ou uma promoção?" Voltaremos a examinar o uso dessas duas poderosas forças para fechar mais negócios no Capítulo 11.

MAPAS NEURAIS

Como descrevemos antes, nossos cérebros contêm algo em torno de 100 bilhões de células nervosas chamadas neurônios (ver Figura 4.1), que criam atividade cerebral ao carregar um sinal elétrico de um neurônio a outro. Cada neurônio pode conectar-se com até 10 mil neurônios vizinhos. As partes dos neurônios que se conectam são como galhos, e de dois tipos – axônios, que conduzem sinais para fora do neurônio, e dendritos, que recebem a informação. A parte do neurônio que realiza a conexão é chamada de sinapse – cada neurônio pode ter várias sinapses. A informação é comunicada ao longo de um diminuto espaço onde cada axônio encontra um dendrito, e que é chamado de sinapse.

FIGURA 4.1 Um neurônio

Para que os sinais elétricos cruzem a lacuna sináptica, cada axônio secreta substâncias químicas do cérebro chamadas neurotransmissores, que são liberados na lacuna quando o neurônio é adequadamente "aceso". Os neurotransmissores fazem os neurônios vizinhos também se acenderem. Portanto, um efeito de reação em cadeia é produzido simultaneamente em milhões de neurônios que ficam então conectados.

O cérebro é um lugar incrivelmente ativo, com 100 bilhões de neurônios e 100 trilhões de sinapses comunicando informações entre eles. As sinapses que se intercomunicam com maior frequência, transmitindo a mesma mensagem repetidamente, ficam mais fortes. As sinapses que se comunicam com menor frequência ficam mais fracas. As conexões feitas entre neurônios podem ser encaradas como trilhas. As informações fluem com maior rapidez e facilidade pelas trilhas estabelecidas há mais tempo. Informação por uma trilha recente fluirá mais devagar, com maior dificuldade, e demandará mais energia.

É por isso que aprender uma nova habilidade exige maior esforço do que desempenhar uma aptidão que você já domina bem. Se você é um motorista experiente deve achar que dirigir carro é uma tarefa que exige pouco esforço. Se está aprendendo a dirigir, pode se sentir exausto após uma hora de lição de autoescola. O cérebro está projetado para ser eficiente em termos de energia, portanto, trilhas estabelecidas e processos automáticos tendem a se tornar o padrão do cérebro, já que exigem menos recursos do que criar novas trilhas.

Apesar da metáfora muitas vezes usada, o cérebro não tem nada a ver com um computador! Não processa informações ou reúne pensamentos e sentimentos a partir de bits de dados individuais como sequências de dígitos. A infinidade de trilhas neurais no cérebro combina-se para criar modelos ou padrões mentais que podem ser pensados de modo útil como se fossem "mapas" – são às vezes chamados de "esquemas". Esses "mapas" ou arranjos de neurônios representam "blocos" inteiros de conceitos ou modelos de conhecimento, percepção ou cognição. A maior parte das funções cognitivas envolve a interação desses mapas de partes diferentes do cérebro ao mesmo tempo. O cérebro junta percepções por meio de interação simultânea de "mapas" inteiros, relacionando um mapa inteiro a outro e buscando similaridades, diferenças ou relacionamentos entre eles.

Em um nível, isso pode ser visto como estruturas mentais de ideias preconcebidas, padrões organizados de pensamento ou um modelo que representa vários aspectos do mundo que habitamos. Eles são muito úteis, pois nos permitem navegar por nosso ambiente cotidiano sem um processamento que exija muito esforço – usando o mínimo de recursos cerebrais, poupando energia para outras tarefas. Por exemplo, todo mundo tem um mapa de como as portas funcionam. Esse mapa será uma generalização sobre como as portas funcionam (para facilitar nossa entrada e saída de prédios, por exemplo) e de como elas operam (elas se movimentam em uma de duas direções, para dentro e para fora, e a entrada num determinado edifício pode ser feita tanto puxando quanto empurrando, o que for apropriado). A ação certa pode ser determinada tanto ao observar primeiro como outras pessoas procedem em relação à porta ou atentando a sinalizações úteis que indicam a ação exigida. Esse mapa muito útil nos permite entrar e sair de prédios que habitamos usando o mínimo de recursos do cérebro. Imagine quanta energia mental você teria que gastar se tivesse que avaliar e analisar conscientemente cada porta que encontrasse no seu dia a dia!

Usamos nossos mapas para organizar nosso conhecimento atual, que nos fornece um modelo para compreensões futuras. Os mapas nos oferecem um sistema para organizar e perceber novas informações. A maneira segundo a qual entendemos algo novo (uma nova porta num novo edifício que nunca havíamos visitado) consiste em ligá-lo a um mapa ou modelo existente. Tendemos a organizar rapidamente novas percepções segundo os mapas existentes, o que nos permite agir com o menor esforço possível.

Agora, a notícia ruim a respeito dos mapas! Primeiro, nossos cérebros têm probabilidade muito maior de notar coisas que se encaixam nos nossos mapas atuais. Isso pode influenciar e inibir a assimilação de novas informações. Essa interferência proativa pode ser vista, por exemplo, nas muitas generalizações e estereótipos que os seres humanos utilizam no seu cotidiano. Alguns deles (como no caso do exemplo das portas) são extremamente úteis, enquanto outros podem inibir radicalmente as pessoas de considerarem novas ideias, outros jeitos de trabalhar, inovações e assim por diante. O padrão do cérebro é prender-se ao que é conhecido, pois isso consome menos recursos de energia e dá ao cérebro uma sensação de certeza, algo importante para um cérebro que tem evoluído para sobreviver a um ambiente primitivo hostil e desafiador!

Além disso, como mencionado acima, quando queremos entender novas ideias, pensamentos ou conceitos tentamos conectar a coisa nova à nossa estrutura existente. Tentamos entender o novo com referência ao conteúdo dos mapas que temos. Esse conteúdo, portanto, será extraído de e referenciado a experiências passadas.

Portanto, quando nossos clientes tomam uma decisão de compra, processam a nova compra potencial em relação a dados já armazenados no conteúdo de seus modelos de mapas existentes. Isso pode tornar a venda de novos conceitos ou ideias algo desafiador. Pode ser bastante difícil no nível consciente, mas, se acrescentamos o desafio de que 95% da cognição, incluindo a tomada de decisão, ocorre num nível inconsciente, a escala do desafio fica evidente.

Para sermos bem-sucedidos precisamos conseguir "falar" e trabalhar com todos os três cérebros do cliente em cada um dos estágios do processo de compra. O profissional de vendas com probabilidade de ser o mais eficaz trabalhará com o córtex, onde tem lugar o pensamento mais racional, e será sensível à imensa influência que a área subcortical (o cérebro reptiliano e límbico) exerce no processo de tomada de decisão do cliente.

Conforme nos movermos pelo processo da "neurovenda" amigável ao cérebro, este livro irá explorar e apresentar a você como isso deve ser feito exatamente.

CAPÍTULO 5

A VENDA ADAPTATIVA

No passado, as pessoas de vendas costumavam ser treinadas para seguir uma apresentação ou roteiro de vendas padronizado, tipo "tamanho único". A ideia era que essa apresentação ou roteiro padrão continha as técnicas de vendas já testadas e comprovadas que iriam convencer o cliente potencial a dizer "sim". Essa abordagem refletia o estilo de vendas transacional de *"push"* (empurrar), mais tradicional, que predominava no passado. Ele é às vezes referido em língua inglesa como estilo *"spray and pray"* ou *"show up and throw up"* [algo como "espalhar e rezar" ou "se apresentar e vomitar"], ou seja, você aparece e "vomita" a mesma mensagem de vendas padrão a cada potencial cliente e reza para que ela de vez em quando o leve a um resultado positivo.

Conforme o mundo das vendas evoluiu, talvez em razão de os clientes estarem mais de sobreaviso e resistentes a essa abordagem *"push"* padrão e batida demais, começou a existir uma mudança para uma abordagem mais consultiva e mais sob medida. O pessoal de vendas passou a dedicar mais tempo a entender o contexto do cliente, suas circunstâncias e desafios, a fim de conceber uma solução mais ajustada, que refletisse com maior precisão as necessidades únicas de cada cliente. Isso às vezes é referido como abordagem *"pull"* (puxar), em vez de *"push"* (empurrar), já que a informação que o profissional de vendas requer e, em vários graus, até mesmo o modelo de solução, é "puxada" ou extraída do cliente, em vez de "empurrada" nele.

Mais pessoas de vendas começaram a ser treinadas em técnicas de vendas consultivas, e no geral isso tem se mostrado mais eficaz que a tradicional abordagem *"push"* (empurrar). Além disso, mais clientes têm experimentado a abordagem consultiva e passaram a esperar por ela e a preferi-la.

Às vezes surgem críticas a essa abordagem mais consultiva, por ela ser mais demorada e consumir mais tempo. Pessoas de vendas que usam uma abordagem consultiva têm sido criticadas por se orientarem demais pelo cliente e não terem a capacidade de desafiá-lo e conduzir a venda a um desfecho.

Portanto, poderia dar a impressão de que temos duas abordagens de vendas. Na minha opinião, ficar debatendo a validade das duas abordagens é ter uma visão estreita. O que parece existir é uma continuidade de estilos e abordagens de vendas que oscila do extremo de uma abordagem "*push*" ou de "pegar pesado" a outro extremo de uma abordagem altamente consultiva "*pull*". A meu ver, porém, debater qual desses dois extremos é melhor dentro de uma perspectiva "ou esse ou aquele" é um exercício estreito e improdutivo. Mais produtivo e útil é explorar uma abordagem de vendas que seja prática, flexível (evitar tanto a abordagem "tamanho único" ou "ou esse ou aquele" e incorporar o melhor de cada uma conforme for exigido) e, o mais importante, adotar uma abordagem que comprovadamente melhore o desempenho de vendas. Então, permita-me apresentar a você a venda adaptativa!

Ao utilizar a venda adaptativa, o profissional de vendas flexibiliza, altera e varia sua abordagem de vendas levando em conta:

1 A natureza da situação de vendas;

2 O estágio do processo de compra no qual o cliente está naquele momento;

3 Os interesses e necessidades específicos que o cliente tem em relação ao produto ou serviço em questão;

4 A personalidade e o estilo de compra do cliente, já que o profissional de vendas adaptativa modela suas perguntas, suas sondagens, sua apresentação de vendas e sua metodologia de fechamento da venda com base na preferência comportamental do cliente, e também reage ao feedback (tanto verbal quanto não verbal) que recebe do indivíduo e se adapta de acordo.

A venda adaptativa é uma abordagem prática e poderosa à venda. Na realidade, pesquisas demonstraram que a prática de venda adaptativa é bem-vinda pelo pessoal de vendas e tem provado aumentar seu desempenho. Um artigo de pesquisa de James Maxham na Universidade Estadual da Louisiana concluiu que:

> Em meio a uma concorrência intensificada e a um aumento nos custos de treinamento, a gestão deve considerar incorporar o treinamento de vendas adaptativas à sua estrutura de treinamento. O pessoal de vendas desse estudo acolhe a venda adaptativa como um método eficaz. Ela tem mostrado um aumento no desempenho, e o pessoal de vendas tem indicado nesse estudo que é necessário mais treinamento de vendas adaptativas, em comparação com outros tópicos de treinamento.
>
> (Maxham, 1997)

A teoria por trás da venda adaptativa é que o resultado bem-sucedido de uma situação de venda é determinado tanto pela deliberação do cliente relativa aos benefícios do produto ou serviço oferecido *quanto* pela experiência do cliente durante a interação de vendas. A capacidade do profissional de vendas de criar a química, o *rapport* e a conexão adequados com o cliente será tão importante quanto a capacidade de comunicar os benefícios da proposta ao cliente.

A pesquisa da neurociência sobre como o cérebro funciona dá sustentação a esse pensamento. Como vimos em capítulos anteriores, razão e emoção são elementos entrelaçados do nosso processo de tomada de decisão. Influenciam e são influenciados mutuamente. A venda adaptativa é uma abordagem que reconhece a importância tanto da razão quanto da emoção em relação ao sucesso em vendas.

Este capítulo descreve os elementos essenciais da venda adaptativa, de modo que você possa ser bem-sucedido em incorporá-los em sua abordagem, o que por sua vez levará a um melhor resultado em vendas.

ADAPTANDO-SE À NATUREZA DA SITUAÇÃO DE VENDAS

Existem certas situações de vendas nas quais pessoas que trabalham com isso podem precisar se adaptar, dependendo da natureza das situações. Elas podem incluir os fatores detalhados nas seções a seguir.

Ramo ou setor

A estrutura dos ramos específicos pode levar as pessoas de vendas a precisarem fazer adaptações em sua abordagem, a fim de serem bem-sucedidas; por exemplo, podem deparar com restrições específicas, como requisitos legais ou canais de distribuição. Além disso, ramos ou setores específicos possuem características próprias, como sua velocidade relativa ou competitividade, o que torna necessário fazer adaptações de acordo.

O tamanho da venda em questão às vezes também tem influência no comportamento do profissional de vendas. Por exemplo, uma grande transação talvez exija uma abordagem de vendas mais em profundidade e mais detalhada, com a formalidade de um processo estruturado de licitação, enquanto uma transação de menor porte permite lidar com ela de maneira mais rápida. Em alguns ramos de atividade o ciclo de vendas é curto, em outros é longo, e os profissionais de venda precisam adaptar sua abordagem de acordo.

Não faz parte do objetivo deste livro entrar nos intricados detalhes de uma infinidade de diferentes setores e ramos de atividade. Os leitores que têm experiência em seu ramo ou setor logo compreenderão onde e como precisam fazer adaptações. Se você é novo no seu ramo ou setor, então aumentar seu conhecimento sobre como ele opera e quais são sua estrutura e metodologia deve ser uma alta prioridade para você, a fim de se adaptar.

Se você vende direto ao consumidor em vez de trabalhar *business to business*, então, mais uma vez, será exigido certo grau de adaptação, dependendo da natureza do produto ou serviço que você vende. Em geral, quanto mais alto o valor da transação, mais cuidado e maior deliberação os clientes terão ao tomar suas decisões de compra. Para compras envolvendo altas somas deve ser dada maior atenção a extrair e em seguida se alinhar ao processo de compra que o cliente irá seguir.

Vou pressupor que você possui o conhecimento necessário (ou que está agora envolvido num processo de aprendizado rápido caso não possuir!) para adaptar sua abordagem de vendas ao seu ramo ou setor, de modo que possamos examinar as outras três áreas centrais da adaptação de vendas.

O estágio do processo de compra em que o cliente se encontra

No Capítulo 4, descrevi os estágios típicos de um processo de compra do cliente:

1. Identificar a necessidade ou problema, ou tomar conhecimento de que existe uma necessidade ou problema;

2. Identificar as características de uma possível solução;

3. Pesquisar possíveis fornecedores de uma solução;

4. Solicitar propostas de solução de um ou mais fornecedores;

5. Analisar as propostas de solução;

6. Avaliar as propostas de solução para determinar o fornecedor preferido;

7. Negociar termos com o fornecedor escolhido;

8. Providenciar o contrato;

9. Integrar e introduzir o fornecedor;

10. Revisar o desempenho do fornecedor.

E, como mencionamos, é muito importante adaptar nossa abordagem de vendas a cada estágio do processo de compra do cliente, de modo a alinhar nosso processo de vendas ao processo de compra do cliente. Se

A venda adaptativa

você entender os processos de compras dos clientes será capaz de oferecer o que eles precisarem (isto é, informações, especificações, preços) no momento em que precisarem disso. Isso permite que os clientes se movimentem pelo seu processo de compra tão rápido quanto possível, o que significa que o negócio será fechado o mais rápido possível. Essa é uma boa notícia tanto para o cliente quanto para o profissional de vendas.

Além disso, se você entende os processos de compra dos clientes e sabe quando cada estágio provavelmente ocorrerá, então pode prever o que será exigido, preparando-se bem para cada um antes que ele se inicie. Também estará em melhor posição para influenciar clientes conforme avançam pelo processo de compra. Quanto mais cedo você se envolver, maior influência terá. Por exemplo, se você já se envolve num estágio inicial pode até ser o disparador que faz os clientes tomarem consciência de que, antes de mais nada, têm de fato uma necessidade ou problema.

Dito isto, é mais comum que os clientes percebam que estão com alguma necessidade ou problema. No entanto, se você se envolver num estágio bem inicial será capaz de ajudá-los a explorar a natureza do problema, ajudá-los a se tornarem plenamente conscientes dos custos ou implicações do problema, e influenciar seus pensamentos a respeito de qual seria uma potencial solução.

Se os clientes têm um processo formal de compras ou de gestão de suprimentos [*procurement*] (como costuma ocorrer quando estão envolvidos gastos maiores), então é relativamente fácil ter clareza do processo que irão seguir. Mas se eles não têm um processo de compra instituído (ou se não têm consciência dele), então é útil discutir e chegar a um consenso a respeito dos passos a realizar, para que você possa se alinhar com eles e adaptar sua abordagem de vendas conforme as exigências.

São muitos os profissionais de vendas que logo no início fazem propostas prematuras, não alinhadas ao momento preciso em que os clientes estão em seu processo de compra (ou seja, que são feitas cedo demais) ou que tampouco adaptam suas propostas às necessidades, ao estilo e à personalidade específicos de cada cliente (mais sobre isso adiante!). Iniciar negociação de termos comerciais muito cedo faz você perder a oportunidade de convencer plenamente os clientes do quanto a sua solução é adequada às necessidades deles e de maximizar a percepção do valor que você entregará.

◢ Os interesses e necessidades específicos que o cliente tem em relação ao produto ou serviço em questão

Como mencionado acima, é extremamente importante adaptar todas as suas propostas de vendas para que atendam às necessidades que você identificar no cliente em questão. Embora possa haver muitas similaridades entre clientes do mesmo ramo ou setor, também haverá muitas diferenças. Bons profissionais de vendas certificam-se de ter entendido bem essas diferenças. Fazem grandes esforços para entender a situação do cliente com o máximo de detalhes. Identificam os problemas, desafios e objetivos do cliente. Confirmam e entram em acordo com eles e certificam-se de que o cliente esteja plenamente consciente do impacto e do custo desses desafios.

Eles então mostram de que modo os principais benefícios de seu produto ou serviço ajudam os clientes a resolver seus problemas, a eliminar seus desafios e conquistar seus objetivos específicos. Cada apresentação de vendas é adaptada para atender às necessidades e interesses específicos de cada cliente. No moderno mundo das vendas, apresentações de vendas padrão ou "enlatadas" não têm mais lugar.

Além do exposto, ao vender para empresas é importante considerar que as pessoas têm certos critérios, necessidades ou interesses quanto ao papel que exercem em sua organização e/ou o papel que desempenham no processo de compra. É útil pensar em cinco categorias amplas de comprador:

1 Gerentes seniores ou compradores executivos: esses compradores serão a alta liderança da organização para a qual você está vendendo. Por exemplo: donos de negócios, CEOs e diretores administrativos.

2 Compradores técnicos: esses compradores são indivíduos que têm conhecimento técnico e *expertise* no campo ou área do produto ou serviço que você vende. Seu papel específico vai depender da natureza daquilo que você estiver vendendo. Exemplos: gestores de TI (para vendas de TI e tecnologia em geral), cientistas e especialistas técnicos (para vendas industriais) e pessoal de recursos humanos (para vendas relacionadas a desenvolvimento e treinamento de funcionários).

3 Compradores operacionais ou funcionais: esses compradores são pessoas envolvidas em aspectos operacionais ou funcionais da organização. Exemplos: gestores de cadeias de suprimentos, logística ou distribuição, ou de unidades industriais, e gerentes de vendas.

4 Compradores legais: esses compradores serão do departamento jurídico de seu cliente (ou de um apoio jurídico externo) e estarão envolvidos em aspectos legais, como os termos e condições, exposição a riscos e responsabilização.

5 Gestores de suprimentos: esses compradores são membros do departamento de suprimentos da empresa e estão envolvidos na compra de bens ou serviços necessários à organização para operar.

Pela natureza de suas responsabilidades, cada uma dessas cinco categorias de compradores terá diferentes interesses, necessidades e requisitos. Profissionais de vendas competentes adaptam sua abordagem de vendas de acordo com isso, a fim de poder comunicar os benefícios de seu produto ou serviço de uma maneira que seja a de maior interesse para esses diferentes compradores. Por exemplo:

➤ Gerentes seniores ou compradores executivos: pelo fato de ocuparem altos cargos na organização e serem responsáveis por tomar decisões de alto nível a respeito de rumo estratégico, execução de estratégias e políticas empresariais, esses compradores geralmente estarão mais interessados e focados nessas áreas. Se você puder demonstrar que seu produto ou solução irá ajudá-los a levar a organização do estágio em que está agora para onde eles querem levá-la, então conseguirá capturar seu interesse. É importante compreender suas prioridades e temas estratégicos para poder alinhar seu produto e serviços a eles. Se fizer isso bem poderá ter sucesso em se posicionar melhor como um propiciador estratégico, e talvez até como parceiro estratégico, e não apenas como um fornecedor transacional.

➤ Compradores técnicos: em razão de sua especialização técnica e foco, esses compradores costumam fazer perguntas e sondagens mais profundas sobre as características de seu produto ou serviço. Para ter credibilidade com eles, você precisa compreender muito bem seu produto ou serviço. Eles terão interesse em se certificar de que ele seja "adequado ao propósito" e em compará-lo com a compreensão que eles tenham no momento daquilo que está disponível no mercado. Em alguns setores, terão preocupações também a respeito da compatibilidade de seu produto ou serviço com o que quer que estejam usando atualmente. Por exemplo, vão querer ter certeza de que seu produto ou serviço não interferirá no bom funcionamento daquilo que está sendo usado no momento, e que se integrará bem e de preferência melhorá-lo.

➤ **Compradores operacionais ou funcionais:** esses compradores estão interessados em como seu produto ou serviço irá ajudá-los em sua responsabilidade funcional ou operacional específica. Esses gestores interessam-se por qualquer coisa que melhore a capacidade, eficiência e eficácia da função que desempenham. Por exemplo, um diretor de vendas geralmente estará interessado em aumentar as vendas, ou um gestor de cadeia de suprimentos terá interesse em aprimorar a eficiência e a eficácia da logística de sua organização. Uso a expressão "geralmente estará interessado" de propósito. Porque embora possamos fazer de início algumas suposições a respeito das prováveis áreas de interesse, é perigoso fazer isso sem checar previamente. Diferentes diretores de vendas, por exemplo, terão áreas de foco diferentes dependendo de sua situação atual em relação à sua força de vendas. Ao identificar quais são essas áreas de interesse, você pode então adaptar sua abordagem de vendas para lidar com elas.

➤ **Compradores legais:** esses compradores costumam ser profissionais qualificados da área jurídica e, portanto, terão grande interesse em questões contratuais, termos e condições, no escopo do contrato, em áreas de risco e em responsabilização, e assim por diante. É uma boa medida engajar-se logo com esses compradores no processo de vendas, para poder entender e lidar com quaisquer áreas de preocupação o mais cedo possível, e não ser surpreendido mais tarde. Deixar isso para depois no processo de vendas pode causar uma desaceleração significativa. Em muitos casos, você precisará estar acompanhado por um profissional da área jurídica da sua organização, que terá que se preparar devidamente para que ele ou ela tenha o máximo de eficiência em ajudá-lo a levar o processo de vendas a um desfecho positivo.

> **Gestores de suprimentos:** muitos profissionais de vendas reportam que os gestores de suprimentos estão interessados só numa coisa: preço! Embora seja verdade que esses compradores são os mais focados em preço dos cinco tipos de compradores, seu interesse é mais amplo que isso. Eles querem ter certeza de que os produtos ou serviços que estão comprando atendem aos requisitos da organização, por exemplo, em termos de qualidade, quantidade adequada, por certos períodos de tempo, em certas localidades e com o melhor preço possível. Tais decisões de compra raramente são tomadas com base apenas no preço (com a exceção talvez de certas *commodities* amplamente disponíveis). O preço costuma ser um fator, mas é um erro supor que seja o único. Não importa o que os compradores gestores de suprimentos possam dizer aos profissionais de vendas – a questão não é apenas o preço. Gestores de suprimentos estão também interessados, por exemplo, no valor pelo dinheiro, e em fornecedores que sejam confiáveis para entregar o que eles precisam. Vale notar que gestores de suprimentos precisam demonstrar que agregaram valor ao processo de compra por meio de uma economia ou de uma melhoria na gestão de aquisições, e profissionais de vendas competentes irão adaptar sua abordagem de vendas para garantir que isso seja possível!

A personalidade e o estilo de compra do cliente

Todo ser humano tem similaridades com outro ser humano. E todo cérebro humano tem similaridades com outro cérebro humano. No entanto, cada um de nossos cérebros é também totalmente único – dependendo de fatores como herança genética e influências do ambiente.

Como veremos no Capítulo 6, essas diferenças são responsáveis pelas várias personalidades com as quais deparamos ao conhecer diferentes clientes.

Alguns tomam decisões muito rapidamente, outros são lentos. Alguns querem saber um monte de detalhes, outros se satisfazem com um breve resumo. Alguns clientes parecem receptivos e amigáveis, outros são distantes e frios.

Pode ser desafiador tentar vender com sucesso para essas diferentes personalidades. São muitos os profissionais de vendas que supõem (equivocadamente) que a maneira que eles gostam de ser atendidos quando alguém lhes vende coisas é também como os clientes gostam de ser atendidos. Nada mais distante da verdade! Um dos segredos para o sucesso nas vendas é vender aos clientes da maneira que eles gostam de ser abordados, ou então vender a eles de uma maneira que se ajuste melhor à maneira segundo a qual eles preferem comprar. Portanto, um componente vital da venda adaptativa é adaptar seu próprio comportamento e comunicação de modo a ter melhor sintonia com as preferências do cliente que você está atendendo.

No Capítulo 6 vou apresentar um modelo de comportamento humano que foi desenvolvido como resultado de extensa pesquisa de neurociência. Ele nos oferece uma maneira poderosa de observar, identificar e adaptar nosso comportamento de vendas com base nos diferentes clientes que encontramos e no perfil de personalidade que possuem. Esse modelo permitirá que você faça três coisas essenciais:

➤ **Observar:** perceber e registrar as várias dicas sobre personalidade que você depreende do comportamento de seu cliente.

➤ **Classificar:** interpretar e identificar corretamente as preferências de personalidade do cliente.

➤ **Reagir:** adaptar seu comportamento e estilo de vender de acordo com as preferências do cliente.

Como temos visto, o uso eficaz da venda adaptativa depende em primeiro lugar de selecionar o tipo correto de adaptação exigido e depois empregar o comportamento de vendas que corresponda melhor a essa adaptação. Há seis áreas a serem levadas em conta e onde é possível realizar ações:

1 Descubra qual é o processo de compra do seu cliente e defina esses estágios com ele;

2 Alinhe seu processo de vendas com esse processo de compra;

3 Adapte sua abordagem de vendas de acordo, já prevendo o que seu cliente exigirá;

4 Avance o máximo possível o processo de compra para maximizar sua influência e moldar a percepção de seu cliente sobre o que é exigido, de uma maneira que seja benéfica para a sua solução;

5 Adapte como você articula os benefícios de seu produto ou serviço a fim de atender às necessidades, desafios, problemas, interesses e objetivos específicos de cada cliente;

6 Adapte seu estilo de vender para que se ajuste à preferência de personalidade de cada cliente.

Vamos então continuar nossa jornada pelo cérebro de nossos clientes para descobrir um dos mais poderosos modelos de comportamento humano, um que você pode usar para se potencializar a novos níveis de sucesso em vendas.

O **uso eficaz** da **venda adaptativa** depende em primeiro lugar de **selecionar o tipo correto de adaptação** exigido e depois **empregar** o **comportamento de vendas** que **corresponda melhor** a essa **adaptação**.

CAPÍTULO 6

O MODELO PRISMA DE COMPORTAMENTO HUMANO E A VENDA ADAPTATIVA

Durante dois dias quentes de agosto, fui colocado em contato pela primeira vez com um instrumento fascinante e inovador para a realização de perfis, que acabou sendo a inspiração para este livro.

Tive a sorte de estar frequentando um programa de treinamento para tornar-me um praticante certificado do *PRISM Brain Mapping* [Mapeamento do Cérebro PRISMA]. Eu já estava familiarizado com uma variedade de instrumentos de psicometria tradicionais, baseados em psicologia, pois os utilizei extensivamente no meu trabalho como consultor e treinador corporativo. Tive uma agradável surpresa, porque PRISMA foi diferente de tudo o que eu já havia visto. Colin Wallace, do Centro de Neurociência Aplicada, que passou mais de 20 anos estudando comportamento humano, estava ministrando o treinamento para certificação como praticante do PRISMA e levou aqueles que estavam tendo a sorte de participar a uma fascinante viagem pelo incrível órgão que é o cérebro humano, pelos domínios da neurociência e do próprio Mapeamento do Cérebro PRISMA.

O Mapeamento do Cérebro PRISMA é o mais abrangente instrumento on-line de perfil de comportamento baseado em neurociência do mundo. Pode ser usado de várias formas: para ajudar a tomar melhores decisões de recrutamento, construir times melhores, desenvolver líderes, melhorar o desempenho, subsidiar decisões sobre planejamento de sucessão, melhorar a comunicação, melhorar o serviço ao cliente, e a área que captou particularmente a minha atenção, que é *melhorar o desempenho de vendas*.

Quando eu dirigia para casa depois do meu primeiro dia de treinamento como praticante do PRISMA, meu próprio cérebro começou a fazer hora-extra! As possibilidades empolgantes de melhorar o desempenho de profissionais de vendas utilizando a pesquisa mais recente de neurociência e os notáveis insights sobre o comportamento humano que o modelo PRISMA oferece faziam brotar ideia atrás de ideia no meu cérebro! Mais ou menos a meio caminho da minha volta para casa, no sentido norte pela rodovia M1, no Reino Unido, o trânsito empacou em razão de um grave acidente vários quilômetros à frente de onde eu estava, e continuou parado por quase duas horas. Em circunstâncias normais, ficar parado num congestionamento de trânsito seria uma fonte de frustração, mas naquela noite isso me deu uma feliz oportunidade de pegar meu bloco de anotações e começar a escrever com empolgação minhas ideias. As duas horas de atraso pareceram passar num instante, e a essa altura minhas ideias iniciais começavam a ganhar forma.

Depois de ter sido bem-sucedido em me qualificar como praticante do Mapeamento do Cérebro PRISMA, procurei o pessoal da PRISMA e expus minha ideia para este livro. Foram muito generosos em me oferecer seu apoio e orientação – assim como um imenso volume de informações e de resultados de pesquisa muito úteis! Talvez o mais importante é que generosamente me sugeriram dar a cada leitor de *Neurovendas* a oportunidade de preencher on-line o questionário do Mapeamento do Cérebro PRISMA e receber inteiramente grátis uma cópia de seu próprio Mapa do Cérebro PRISMA introdutório. Se você visitar www.neuro-sell.com poderá se registrar, primeiro para ganhar acesso ao questionário on-line que precisa preencher a fim de poder baixar seu Relatório do Mapa do Cérebro PRISMA introdutório, e em segundo lugar para ter acesso a uma série de recursos exclusivos, disponíveis apenas a leitores deste livro.

O Relatório do Mapa do Cérebro PRISMA que você receberá lhe dará um fascinante insight sobre sua personalidade e preferências comportamentais. Isso também o ajudará a ganhar o máximo de benefícios deste livro, portanto, por favor, reserve um tempo para visitar o site e registrar-se (www.neuro-sell.com) para poder baixar seu próprio Relatório do Mapa do Cérebro PRISMA imediatamente.

PRISMA representa uma síntese abrangente de alguns dos mais recentes pensamentos a respeito de como o cérebro humano funciona e de por que as pessoas se comportam de maneiras muito diferentes. Em contraste com os modelos psicológicos tradicionais, não se baseia em nenhuma visão teórica da personalidade humana, é mais uma combinação do conhecimento atual sobre a atividade funcional do cérebro.

PRISMA foi desenvolvido ao longo de um período de 15 anos para explorar algumas das mais recentes descobertas da neurociência. Avanços recentes em neurociência e imagem do cérebro têm permitido uma apreciação mais aprofundada dos aspectos químicos, funcionais e estruturais do cérebro humano e de como ele funciona.

As escalas PRISMA que medem cada uma das preferências comportamentais expressas pelo indivíduo foram criadas e validadas pelo doutor Tendayi Viki. O doutor Viki é psicólogo credenciado, professor universitário de alto nível em psicologia forense e ex-bolsista visitante da Universidade de Stanford.

Na raiz do modelo PRISMA está o fato fundamental de que todo comportamento é conduzido pelo cérebro. O desenvolvimento do cérebro ocorre como um jogo complexo e único entre o ambiente no qual a criança nasce e seus genes. Como resultado disso, cada pessoa tem uma maneira peculiar de perceber e reagir ao mundo em que vive. Essas reações recorrentes, que em parte são herdadas (natureza) e em parte aprendidas (tipo de criação), encaixam-se em padrões que podem ser chamados de preferências de comportamento. Todas as pessoas irão exibir as próprias preferências comportamentais por meio daquilo que dizem e fazem, e também pela maneira segundo a qual dizem e fazem essas coisas.

A teoria PRISMA se baseia nos seguintes princípios:

1 O cérebro é um sistema eletromecânico dinâmico. Não há nenhuma parte do cérebro que faça apenas uma coisa, e nenhuma parte do cérebro age sozinha. Todos os nossos pensamentos, emoções e ações são o resultado de várias partes do cérebro atuando juntas para criar padrões de atividade.

2 A despeito das tremendas similaridades entre nossos cérebros, todos agimos de modo diferente e temos aptidões peculiares e preferências, desejos, esperanças e medos distintos. Embora cada cérebro humano pareça ter uma estrutura muito similar e ser organizado da mesma maneira, a chave para cada uma das nossas diferentes personalidades e preferências comportamentais está na sintonia fina dos sistemas e redes neurais do cérebro de cada pessoa.

São essas diferenças que levam às qualidades definidoras de nossas personalidades e comportamentos.

3 Um conceito crucial que embasa nossa compreensão do cérebro e de como ele influencia personalidade e comportamento é a chamada neuroplasticidade. É a capacidade do cérebro de mudar sua estrutura física – a maneira pela qual os bilhões de neurônios se conectam. Essas mudanças são o resultado de várias experiências que tivemos (e que não tivemos) e envolvem a atuação conjunta de natureza e criação para resultar em um cérebro único. O cérebro nunca perde sua aptidão de mudar e se adaptar. A neuroplasticidade substituiu a noção antes sustentada de que o cérebro é um órgão fisiologicamente estável e nos permite explorar e compreender de que modo o cérebro muda ao longo da vida.

4 Como descrevemos no Capítulo 4, apesar da metáfora muito usada, o cérebro não tem nada a ver com um computador! Não processa informação ou cria pensamentos e sentimentos a partir de bits de dados individuais como sequências de dígitos. Em vez disso, o cérebro é em grande parte formado por "mapas" – arranjos de neurônios que representam "porções" inteiras, conceitos ou modelos de saberes, percepções ou cognições. A maioria das funções cognitivas envolve a interação simultânea desses mapas de diferentes partes do cérebro. O cérebro junta percepções pela interação simultânea de "mapas" inteiros, relacionando um mapa inteiro a outros e buscando similaridades, diferenças ou relações entre eles.

O modelo PRISMA de comportamento humano compreende três fatores inter-relacionados que se combinam para gerar comportamento humano:

1 A arquitetura do cérebro, incluindo as redes neurais que operam dentro e entre os lobos cerebrais. Como descrito no Capítulo 3, a fissura longitudinal divide o cérebro em hemisfério direito e hemisfério esquerdo e os sulcos centrais e sulcos laterais dividem os lobos frontais dos lobos parietais, occipitais e temporais.

Essa estrutura está representada pelos quatro quadrantes do modelo PRISMA descritos a seguir.

2 O nível e o fluxo de substâncias químicas (neurotransmissores e hormônios) dentro do cérebro. O modelo PRISMA foca no efeito de dopamina, estrógeno, testosterona e serotonina sobre o comportamento humano, e isso será descrito a seguir. Vários estudos independentes têm confirmado vínculos entre essas substâncias químicas e as escalas comportamentais que você verá contidas no modelo PRISMA.

3 As pessoas exigem suas preferências comportamentais particulares. Quando descrevem a si mesmas, tendem a escolher palavras e frases que enfatizem características comportamentais que encarem como centrais para quem são. Ao longo do tempo, essas palavras ficam codificadas em seus hábitos de fala – incluindo suas expressões faciais, tom de voz e linguagem corporal.

Em resumo, o PRISMA é concebido para explicar o comportamento em termos da atividade eletroquímica coordenada que ocorre dentro da arquitetura cerebral. Fundamentalmente, o PRISMA tem a ver com a nossa atenção ao mundo – de que modo vemos e reagimos ao nosso ambiente e às pessoas dentro dele. Tem a ver com nossa maneira de perceber e representar nosso ambiente.

Num nível amplo, o cérebro presta-se a partilhar, com base em grande medida em sua anatomia. Todas as divisões propostas dentro do cérebro são, porém, altamente artificiais e criadas em reação à necessidade humana de separar coisas em unidades discerníveis, facilmente compreensíveis. Mas devemos ter sempre em mente que o cérebro funciona como um todo e, com essa ressalva em mente, o modelo PRISMA nos propicia um esquema útil ao qual podemos nos remeter ao visualizarmos de que modo nosso cérebro está organizado. Ele se baseia, portanto, em princípios e fatos científicos que foram simplificados num modelo manejável, para facilitar a compreensão.

O PRISMA normalmente mede nove dimensões do comportamento humano, mas aqui vamos focar a atenção nos quatro quadrantes principais do modelo.

Depois que você tiver preenchido on-line o questionário PRISMA e baixado seu relatório, verá uma imagem circular que representa a estrutura do cérebro humano (ver Figura 6.1). A metade superior do círculo representa a parte frontal do cérebro, e a metade inferior do círculo, a parte posterior do cérebro. A imagem circular também é dividida na vertical em dois lados. A linha divisória vertical representa o corpo caloso, que, como você deve lembrar do Capítulo 3, divide os dois hemisférios do cérebro. O lado esquerdo da imagem representa o hemisfério esquerdo, e o lado direito o hemisfério direito do cérebro.

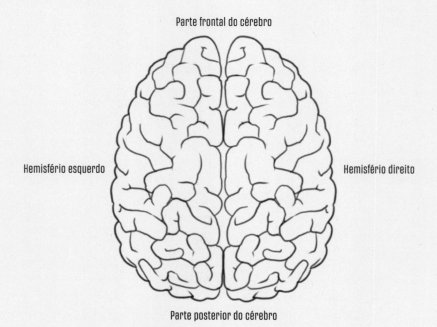

FIGURA 6.1 Representação do cérebro no Mapa do Cérebro PRISMA

Além disso, a imagem circular é dividida horizontalmente. Você deve lembrar que o córtex cerebral divide-se em quatro grandes lobos (frontal, parietal, temporal, occipital), e a linha divisória horizontal representa o sulco central e a fissura lateral que divide os lobos frontais dos lobos traseiros. Em combinação com a divisão vertical, isso produz quatro quadrantes na imagem, que representam os quatro lobos do cérebro (ver Figura 6.2).

FIGURA 6.2 Os quatro quadrantes do Mapa do Cérebro PRISMA

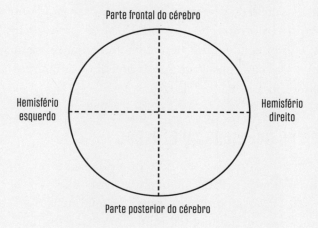

Quando você olhar para o seu próprio Mapa do Cérebro PRISMA verá que cada um desses quadrantes tem uma cor diferente – verde, azul, vermelho e ouro (ver Figura 6.3). O modelo de quadrantes PRISMA é uma representação gráfica de como a arquitetura funcional e as redes neurais do cérebro interagem com as substâncias químicas para criar comportamento, e cada um dos quatro quadrantes é associado a preferências comportamentais específicas.

FIGURA 6.3 As quatro cores do Mapa do Cérebro PRISMA

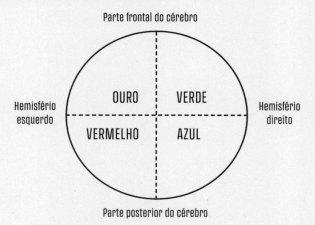

Em resumo, o modelo PRISMA mostra como o cérebro cria comportamentos e como certos comportamentos específicos estão associados a determinadas áreas do cérebro. Como veremos mais adiante, cada um dos quadrantes coloridos está associado a certas preferências comportamentais. Compreendendo isso, podemos adaptar nossa metodologia e estilo de vendas para ajustá-los a essas preferências comportamentais, maximizando nossas chances de sucesso.

SUBSTÂNCIAS QUÍMICAS DO CÉREBRO

Assim como exploramos a arquitetura do cérebro e como ele é representado no modelo PRISMA, vamos agora explorar algumas das principais substâncias químicas do cérebro e seu impacto no comportamento. A incrível complexidade da arquitetura e da estrutura do cérebro é acompanhada pela complexidade das substâncias químicas nele presentes. A seguir temos um resumo e uma simplificação, feitos com o intuito de prover conhecimento suficiente para entender como tais substâncias químicas atuam no comportamento humano e, mais importante, como podemos usar esse conhecimento para vender com maior eficácia!

◢ Neurotransmissores

Os neurotransmissores conduzem informações importantes de um neurônio para outros por uma minúscula lacuna entre eles (conhecida como espaço sináptico ou lacuna sináptica) e também a outras partes do corpo, para orquestrar funções específicas. Alguns neurotransmissores (como a serotonina ou a dopamina) também produzem os humores que afetam nossas experiências. A química cerebral que criamos diariamente, com frequência com nossos próprios pensamentos, determina como nos sentimos.

Dopamina

Os níveis de dopamina aumentam quando o cérebro detecta algo novo, insólito ou inesperado. A liberação de dopamina no cérebro é também associada a atividades prazerosas. Por exemplo, a dopamina nos propiciará uma sensação de prazer e felicidade depois de termos comido.

Além de associada à experiência de prazer e felicidade, a dopamina também é gerada por expectativas positivas ou ao prever experiências que o cérebro percebe como recompensa – entre elas o sexo e interações sociais positivas. Assim, a dopamina pode ser vista como o neurotransmissor do desejo!

Níveis elevados de dopamina no cérebro produzem atenção focada, aumento de energia, motivação e comportamentos voltados a metas.

Noradrenalina

A noradrenalina é uma substância química excitatória associada à estimulação física e mental, e a um humor exaltado.

Serotonina

A serotonina tem um efeito no humor das pessoas e no controle do comportamento, na busca de conformidade, nível de ansiedade e sono. Drogas que alteram os níveis de serotonina são usadas para tratar distúrbios de depressão e ansiedade. A baixa atividade de serotonina é associada a agressividade, raiva e comportamento impulsivo, e seus níveis altos são associados a serenidade e otimismo.

Hormônios

Um hormônio é uma substância química liberada por uma célula ou uma glândula numa parte do corpo, e que envia mensagens que afetam células em outras partes do corpo.

Muitas pessoas já ouviram falar de hormônios como testosterona e estrógeno. Nenhum desses hormônios na realidade é produzido no cérebro, mas ambos podem entrar nele via corrente sanguínea, e há no cérebro receptores que os reconhecem.

A testosterona é popularmente referida como um hormônio masculino e o estrógeno como feminino. Na realidade, testosterona e estrógeno são produzidos tanto por homens quanto por mulheres, que reagem a ambos. O que difere são as proporções, com o corpo masculino, por exemplo, produzindo mais de 40 vezes mais testosterona que o corpo feminino.

O ambiente no útero durante a gravidez pode alterar o equilíbrio dos hormônios aos quais o feto fica exposto, com alguns machos sendo expostos a mais estrógeno no útero da mãe, e algumas fêmeas a mais testosterona. Isso pode afetar o grau em que o indivíduo em questão expressa certos traços de personalidade que estão associados à testosterona e ao estrógeno. Exploraremos isso mais adiante neste capítulo.

Quando uma pessoa se sente excitada ou bem-sucedida, o córtex cerebral envia um sinal a outra parte do cérebro chamada hipotálamo (uma área na base do cérebro que regula muito da atividade hormonal do corpo), a fim de estimular a produção de testosterona.

Os dois hemisférios do cérebro estão conectados por milhões de fibras nervosas, e indivíduos que foram expostos a mais estrógeno no útero têm mais conexões entre essas duas metades do cérebro.

OS QUATRO QUADRANTES

Em resumo, o modelo PRISMA representa como a arquitetura funcional do cérebro e as redes neurais interagem com as substâncias químicas do cérebro. Cada quadrante do modelo PRISMA é associado a uma região do cérebro e à influência de um ou mais neurotransmissores ou hormônios. Como afirmamos antes, cada um dos quatro quadrantes coloridos é associado a preferências comportamentais específicas, e essas refletem estudos científicos sobre o efeito das substâncias químicas do cérebro no comportamento.

Quadrante verde

Níveis elevados de noradrenalina e dopamina são associados aos seguintes comportamentos, e são representados pelo quadrante verde do modelo PRISMA:

➤ Não convencional;

➤ Desinibido;

➤ Otimista;

➤ Mentalmente flexível;

➤ Espontâneo;

- Criativo;

- Impulsivo;

- Curioso;

- Oportunista;

- Energético;

- Imprudente.

Quadrante azul

Níveis elevados de estrógeno são associados aos seguintes comportamentos, e são representados pelo quadrante azul do modelo PRISMA:

- Atencioso;

- Carinhoso;

- Empático;

- Idealista;

- Agradável;

- Solidário;

- Sensível;

- Bondoso;

- Caridoso;

- Tolerante;

- Despretensioso;

- Sentimental.

Quadrante vermelho

Altos níveis de testosterona são associados aos seguintes comportamentos, e são representados pelo quadrante vermelho do modelo PRISMA:

- Competitivo;

- Independente;

- Direto;

- Prático;

- Agressivo;

- Emocionalmente contido;

- Decidido;

- Franco;

- Determinado;

- Ousado;

- Focado.

Quadrante ouro

Níveis elevados de serotonina são associados aos seguintes comportamentos, e são representados pelo quadrante ouro do modelo PRISMA:

- Consciente;

- Convencional;

- Cauteloso (mas não medroso);

- Atento a detalhes;

- Persistente;

- Preciso;

- Ordeiro;

- Coerente;

- Planejador meticuloso;

- Calmo.

AS QUATRO CORES DO CLIENTE

Portanto, tendo em mente o exposto acima, vou apresentar agora as quatro diferentes cores do cliente. Cada um desses clientes pensa e se comporta de maneiras diferentes e características. Para nós, o mais importante é que seu comportamento de compra é diferente, e que precisamos compreender isso para poder adaptar nosso comportamento de vendas de acordo. Se você entende como seus clientes compram, pode vender da maneira que mais combina e que será a mais confortável para eles:

➤ **O cliente Verde:** o cliente Verde tende a ser muito curioso e criativo e vai gostar de ver coisas que sejam novas e insólitas. Nas reuniões, clientes Verdes serão energéticos e podem parecer agitados. Se não ficam absorvidos em algo que os deixe intrigados podem facilmente ficar entediados. Tendem a ser otimistas, espontâneos e autônomos. No extremo, os Verdes podem ser hiperativos, impacientes, impulsivos e desatentos, e se você tem um cliente com tendências Verdes muito acentuadas, então, como profissional de vendas, pode agregar valor ao relacionamento ao tentar contrabalançar essas tendências. Verdes gostam de criar ideias e de explorar o que seja possível. Com frequência pensam por metáforas e analogias, pintando quadros vívidos em suas mentes. Envolvê-los na criação de uma solução inovadora irá ajudá-lo a vender de forma eficiente para eles. Como seu funcionamento mental preferido é a partir do cérebro direito, os Verdes não se prendem às limitações e barreiras mentais que restringem outras preferências de comportamento. Pensam mais em possibilidades do que em probabilidades. Confiam em suas intuições e insights para obter uma noção real do que está acontecendo, e um de seus maiores dons é sua intuição altamente desenvolvida. Clientes Verdes tendem a ser calorosos, inovadores, otimistas, generosos, divertidos, aventureiros, adaptáveis e confiantes – às vezes indevidamente. Obtêm prazer da variedade e de novas experiências. Se você consegue mostrar algo novo, insólito ou inovador, eles ficarão muito interessados. Melhor ainda, envolva-os em criar uma solução inventiva. Então terá toda a atenção deles!

➤ O cliente Azul: o cliente Azul tende a ser compassivo, caloroso, leal e prestativo. Clientes Azuis são educados, agradáveis e diplomáticos. Terão o cuidado de promover bons sentimentos entre eles e as pessoas com as quais trabalham – não gostam de conflitos. Procurarão atenuar as diferenças e buscar um consenso. Tendem a ser coerentes e confiáveis, e a manter um ritmo constante. Trabalham duro, são pacientes e muito produtivos. No extremo, os Azuis podem ser hipersensíveis, excessivamente emocionais, pouco práticos, não realistas e autocentrados. Como profissional de vendas, você pode ajudar um Azul a equilibrar essas áreas, e, com isso, estará agregando valor ao relacionamento. A qualidade do relacionamento é algo muito importante para essa cor de cliente. Clientes Azuis precisam de conexão com pessoas num nível pessoal mais profundo do que as outras cores. Essa inclinação a se conectar com os outros está vinculada ao estrógeno e à oxitocina – uma substância química produzida, armazenada e desencadeada em grande medida pelo estrógeno. Quando clientes Azuis tomam decisões de compra, consideram as necessidades de todos os envolvidos, já que querem agradar e ser valorizados. Gostam de criar ambientes de trabalho onde as pessoas se sintam confortáveis e valorizadas. Sua autoestima está diretamente ligada a – e é influenciada pela – qualidade de seus relacionamentos com os demais. Sua estabilidade emocional se baseia em como os outros reagem e interagem com eles. Como compradores são naturalmente cautelosos e abordam qualquer tipo de mudança com certa apreensão, até que compreendam muito bem as implicações e o impacto que a mudança terá nas outras pessoas com as quais se sentem próximas.

➤ O cliente Vermelho: o cliente Vermelho tende a ser muito orientado a metas e colocará foco intenso no trabalho. Clientes Vermelhos são excelentes em sistematizar, isto é, têm a inclinação de construir e analisar sistemas. Pessoas que são sistematizadoras expressam mais testosterona. Clientes Vermelhos são assertivos e transmitem autoridade. Podem ser muito exigentes e motivados. Gostam de trabalhar num ambiente que lhes permita estar no controle e criar resultados. No extremo, Vermelhos podem se tornar muito dominadores, agressivos e invasivos. Podem ser maus ouvintes e insensíveis aos sentimentos dos outros. O profissional de vendas que consegue ajudá-los a contrabalançar seu forte desejo de tomar decisões rápidas e ajudá-los a tomar decisões efetivas pode agregar valor ao relacionamento de trabalho. Como resultado de suas mentes com foco muito intenso, clientes Vermelhos mostram tendência a ser francos e diretos. Homens e mulheres que expressam uma alta atividade de testosterona são, quando sob pressão, menos inclinados a serem gentis, respeitosos, atenciosos ou amigáveis. Têm pouca paciência com aquilo que percebem como desperdício de seu tempo. Irritam-se com discussões longas, repetitivas que não levam a decisões firmes que permitam realizar ações. Vermelhos são práticos e pragmáticos. São diretos e decididos e gostam de se mover com rapidez e eficiência. Têm foco em tarefas e ações.

➤ **O cliente Ouro:** clientes com um comportamento Ouro tendem a ser analíticos, meticulosos, resguardados, conscientes das regras, leais, conscienciosos, minuciosos e competentes. No extremo, podem se mostrar arrogantes, cínicos, críticos, distantes e presunçosos. Acreditam neles mesmos, em suas capacidades e aptidões intelectuais. Para clientes Ouro os detalhes são muito importantes. São orientados por processos e abordam suas decisões de compra de maneira precisa, consistente, sequencial, linear, passo a passo. Têm forte preferência por um planejamento cuidadoso e por cronogramas e rotinas. Pensam em termos concretos e costumam ser literais, orientados por detalhes e organizados, assim como prudentes. São pensadores analíticos com forte necessidade de organização e precisão. Vão querer determinar a melhor maneira em que uma coisa deve ser feita, e depois que seu plano está estabelecido irão implementá-lo sem permitir a si mesmos nenhuma dispersão até a tarefa estar concluída. Clientes Ouro podem especular demais a respeito de suas decisões de compra. São lentos para tomar decisões importantes porque são cautelosos e meticulosos. Às vezes podem sofrer de "paralisia pela análise", e os profissionais de vendas que podem ajudá-los a tomar decisões de compra precisas agregarão valor ao seu relacionamento. Clientes Ouro são movidos por uma necessidade de perfeição e querem que as coisas sejam feitas do jeito certo. Querem tomar uma decisão de compra que seja cuidadosa, refletida e correta já na primeira tentativa! Gostam de seguir um processo e detestam a imprevisibilidade ou trabalhar com afobação, já que isso pode aumentar o risco de cometer erros.

Neste capítulo, exploramos os principais aspectos do Mapeamento do Cérebro PRISMA no que se refere à estrutura e às atividades eletroquímicas do cérebro, especialmente as interações entre os hemisférios cerebrais, em termos não só de atenção e flexibilidade, mas também quanto às nossas atitudes em relação ao mundo. Ele tratou de como percebemos e representamos nosso ambiente.

Temos visto que o comportamento humano é uma combinação de genética (composição do cérebro e sensibilidade a certos neurotransmissores e hormônios) e de influências de nossa experiência de vida. Por meio dessas infinitas variáveis de genética e experiência, cada pessoa desenvolve diferentes "músculos mentais".

O PRISMA nos permite compreender os diferentes perfis ou "mapas", que mostram, por exemplo, de que maneira as pessoas preferem processar informações. Essas reações preferenciais do cérebro diferem de pessoa para pessoa e formam a base de nosso comportamento observado.

O Modelo PRISMA oferece quatro perfis de comportamento para que o profissional de vendas astuto tenha consciência deles. Esses quatro tipos de pessoas têm personalidades diferentes e reagem ao mundo (e tomam decisões de compra!) de maneiras muito diversas.

Embora cada cliente seja um indivíduo único (não há dois iguais), as pessoas tendem a ter um quadrante que é o que o PRISMA chama de "a ponta da lança comportamental". Essa será a maneira "padrão" de o indivíduo interagir com o mundo, e deve ser o foco primário para a adaptação comportamental do profissional de vendas.

No Capítulo 7, veremos como o Modelo PRISMA lhe dá a capacidade de observar o comportamento, tirar boas conclusões a respeito do pensamento e do comportamento que o indivíduo adota preferencialmente, e então adaptar sua abordagem e estilo de vendas para se adequar a cada cliente.

O **comportamento humano** é uma **combinação de genética** (composição do cérebro e sensibilidade a certos **neurotransmissores e hormônios**) e de **influências** de nossa **experiência de vida**.

CAPÍTULO 7

COMO LER SEU CLIENTE E SE ADAPTAR AO ESTILO DELE

Este capítulo fornecerá uma metodologia simples e eficaz para:

> **Observar:** perceber e registrar as diversas dicas de personalidade do comportamento de seu cliente.

> **Classificar:** interpretar isso corretamente e identificar a personalidade e as preferências comportamentais do cliente.

> **Adaptar:** adaptar seu comportamento e estilo de venda de acordo com as preferências do cliente.

O propósito dessa adaptação é minimizar qualquer tensão pessoal entre você e o cliente, a fim de maximizar sua capacidade de ser bem-sucedido em vender ao seu cliente. Como veremos mais adiante, quanto mais você se parecer com seu cliente, mais confortável ele se sentirá na sua presença.

Como descrito no Capítulo 4, um princípio fundamental de organização e operação de seu cérebro e que conduz seu pensamento, seu comportamento e suas ações é evitar e se afastar de tudo aquilo que for percebido como doloroso, perigoso ou ameaçador, e ir em direção ao que quer que pareça prazeroso, reconfortante ou recompensador. Portanto, quanto mais o cliente se sentir confortável com você, menos provável será que você desencadeie nele a reação "afastar-se de", e maior a sua probabilidade de despertar a reação de "aproximação".

O padrão mais primitivo do sistema límbico é desconfiar. É mais provável que inicialmente se julgue um estranho como inimigo do que como amigo. Ao usar o que você vai aprender neste capítulo, você será capaz de causar uma primeira impressão muito poderosa em novos clientes, e isso propicia uma base muito forte para o relacionamento e para que a venda subsequente possa ser construída em cima disso.

Como vimos no Capítulo 6, a personalidade e o comportamento de seu cliente são conduzidos pelo cérebro. Este capítulo tornará você capaz de observar dicas externas de comportamento e a partir delas tirar conclusões sobre que tipo de cérebro está abrigado na cabeça de seu cliente, para poder vender a ele da maneira mais eficaz.

OBSERVAR

Vou começar examinando o comportamento dos clientes quando você os encontra pela primeira vez. Depois que essa base estiver estabelecida, passaremos a examinar algumas dicas comportamentais que você poderá identificar antes de fazer um contato cara a cara.

Para uma observação precisa dos clientes você precisa colocar foco em três áreas:

1 Seu comportamento não verbal;

2 Seu comportamento verbal;

3 Seu ambiente de trabalho.

Essas três áreas darão uma série de dicas a partir das quais você pode tirar conclusões sobre as preferências dos clientes.

◢ Dicas comportamentais

O Quadro 7.1 descreve as principais dicas comportamentais que você deve procurar observar.

QUADRO 7.1 Dicas comportamentais

	DICAS NÃO VERBAIS		DICAS VERBAIS	DICAS DO AMBIENTE DE TRABALHO
	Tipo de energia	Linguagem corporal		
Verde	Energético, extrovertido, dinâmico. Acelerado. Pode vir até você com passo rápido, mostrar-se animado e dar um cumprimento de mão intenso no primeiro encontro.	Postura corporal mais aberta. Fala com gestos de mão e movimentos faciais mais amplos. Tem expressões faciais mais marcadas.	É mais verborrágico, pode falar alto, de jeito mais vivo e entusiasmado. Tem estilo mais pessoal ou informal com os outros — pode contar histórias e fazer uso do humor. Bom tom de voz, variação no ritmo da fala. Pode não ouvir bem.	Escritório moderno. Ficam expostas lembranças de experiências. É provável que esteja bagunçado, com pilhas de papéis espalhadas.
Azul	Descontraído. Lento ou sereno, pode vir em sua direção em passo regular, cumprimentá-lo calorosamente, com um aperto de mão suave, na primeira reunião.	Postura corporal mais aberta e relaxada. Gestos de mão mais lentos e contidos ao falar. Faz contato visual intermitente — pode olhar para o chão, às vezes, em vez de olhar para você.	Conversador, fala baixo, amistoso, agradável e sensível. Sereno e até controlado. Ouve antes de falar.	Fotos da família e de amigos. Ambiente acolhedor, caseiro. Sistema de organização pessoal informal.
Vermelho	Energético, impaciente, acelerado. Decidido. Pode vir até você determinado, fazendo contato visual direto, e dar um aperto de mão firme já no primeiro encontro.	Postura corporal mais contida. Muitos gestos com as mãos ao falar. Contato visual constante. Pode ficar em pé, em vez de sentado.	Vai direto ao ponto. Pouca ou nenhuma conversa fiada ou pessoal. Estilo de comunicação direto, contundente. O ritmo da fala pode aumentar quando quer enfatizar urgência. Pode falar mais alto para assumir o comando. Às vezes interrompe.	Símbolos de status ou de poder — mesa grande, troféus. Eficiente, mas não necessariamente bem arrumado.

Como ler seu cliente e se adaptar ao estilo dele

	DICAS NÃO VERBAIS		DICAS VERBAIS	DICAS DO AMBIENTE DE TRABALHO
	Tipo de energia	Linguagem corporal		
Ouro	Premeditado. Pode vir até você com passo regular e controlado e dar um cumprimento de mão curto na primeira reunião. Estilo lento ou sereno, passo a passo.	Mais fechada ou tensa. Movimentos contidos, poucos gestos ou nenhum, pode parecer sem expressão. Talvez mencione coisas que contenham fatos e dados durante a reunião.	Pouca conversa fiada. Vai ao ponto, sério e preciso. A discussão pode ser curta ou longa, dependendo da quantidade de informação ou dados que a pessoa queira coletar. Estilo direto, mas calmo e controlado; vai perguntar e querer esclarecer. Pouca inflexão de voz; às vezes é monótono. Pode haver lapsos de silêncio durante a conversa.	Escritório funcional. Gráficos e tabelas para rastrear e controlar progresso são exibidos. Muito bem arrumado e organizado.

◢ Dicas de linguagem

Além das dicas no Quadro 7.1, a linguagem e palavras específicas que os clientes usam e as perguntas que fazem lhe darão mais dicas para poder classificá-los de modo correto. Embora às vezes eles possam muito bem usar as palavras específicas listadas no Quadro 7.2, por favor, use-as como uma orientação geral para as áreas e assuntos de conversa nos quais os clientes estarão interessados e se sentirão atraídos a tratar.

Como mencionado, além das dicas comportamentais que você pode identificar ao encontrar e interagir pela primeira vez com o cliente, costuma ser possível também obter algumas dicas antes de seu primeiro encontro cara a cara. Você pode conseguir isso realizando alguma pesquisa prévia ao encontro. Como iremos explorar no Capítulo 8, profissionais de vendas sempre pesquisam novos clientes antes de encontrá-los pela primeira vez – mas continuaremos a falar disso mais adiante! Uma das maneiras mais fáceis de pesquisar clientes é usar recursos on-line. Dependendo do nível hierárquico dos clientes e do quanto eles ou suas organizações são ativos on-line, uma pesquisa rápida pode revelar informações que o ajudem a prever qual é seu perfil comportamental. Por favor, note que eu disse "prever" e não "pressupor".

QUADRO 7.2 Dicas de linguagem

LINGUAGEM VERDE	LINGUAGEM AZUL	LINGUAGEM VERMELHA	LINGUAGEM OURO
• adaptável	• acomodar	• conquista	• preciso
• alternativas	• certeza	• ação	• análise
• quadro geral	• comunicação	• resultados	• avaliar
• criativa	• examinar	• competição	• cuidadoso
• excitante	• cooperar	• controle	• certeza
• experimental	• coordenar	• prazo	• ponderar
• flexível	• empatia	• decidido	• dados
• liberdade	• sentimento	• entregar	• detalhes
• futuro	• ajuda	• conduzir	• fatos
• imaginação	• lealdade	• eficiente	• cifras
• inovação	• paciente	• rápido	• lógico
• inventiva	• pessoas	• foco	• metódico
• nova	• sensível a relacionamentos	• meta	• organizado
• incomum	• apoio	• pontos-chave	• plano
• otimista	• trabalho em equipe	• prático	• processo
• original	• confiança	• problema	• qualidade
• possível		• resultados	• sequência
• ver		• resolver	• padrões
• variedade		• velocidade	• passo a passo
• visão		• status	• avalia
		• tarefa	
		• vencer	

É uma boa prática para um profissional de vendas prever um número de fatores antes de se encontrar com um cliente. Podemos, por exemplo, prever as prováveis áreas de interesse ou os desafios que os clientes estão experimentando dependendo do setor do qual fazem parte, de possíveis preocupações que possam ter a respeito de seu produto ou serviço (com base nas suas interações com clientes anteriores) ou de sua provável preferência comportamental com base na pesquisa que você tiver feito. Quando você já prevê as coisas, pode se preparar melhor com base no seu atual conhecimento e compreensão. Essa preparação pode revelar-se extremamente útil.

No entanto, evite supor cegamente que seu atual conhecimento e compreensão estão corretos. Você testará isso quando estiver com o cliente. Por exemplo, você pode perguntar: "Senhor Cliente, vários de nossos clientes no setor X relataram que as margens de lucro estão sendo espremidas como resultado de uma crescente concorrência com empresas estrangeiras. Isso é algo que vocês também estão experimentando?".

Do mesmo modo, você pode prever qual será o perfil comportamental dos clientes a partir de sua pesquisa on-line, que irá ajudá-lo com seu planejamento e preparação. Mas deve aguardar até ter um encontro pessoal e interação com os clientes para tomar sua decisão final a respeito do perfil comportamental e prováveis preferências deles.

O indivíduo que você está pesquisando pode aparecer de várias maneiras on-line – por exemplo, com seu perfil ou numa entrevista no próprio site dele ou de outros. Precisamos ter cautela, porque às vezes essas informações foram preparadas pelo pessoal do marketing ou de RP, ou, no caso de entrevistas, podem ter sido editadas por um jornalista, portanto, não podemos ter sempre certeza de estarmos vendo algo que reflita com precisão a verdadeira personalidade e as preferências da pessoa.

Uma ferramenta de pesquisa on-line muito poderosa é o site de networking LinkedIn. Cada vez mais pessoas da área de negócios são membros do LinkedIn e têm um perfil público que fica disponível para ser visto por todos. A vantagem do LinkedIn é que as pessoas completam seu perfil elas mesmas, criando uma descrição e usando uma linguagem com as quais se sentem confortáveis. Isso pode ser uma rica fonte de dicas que podemos usar para ter uma prévia de seu perfil comportamental.

A título de ilustração, temos a seguir algumas descrições reais de pessoas com as quais estou conectado no LinkedIn. Como trabalhei com elas, tenho uma boa visão de suas personalidades e preferências comportamentais, e é interessante ver as dicas que suas descrições pessoais oferecem!

➤ Verde:

- "...gosto de descobrir e de criar...";
- "Tenho entusiasmo e paixão por...";

- "Desenvolver uma visão criativa";
- "...pessoa que pensa fora da caixinha".

➤ Azul:
- "Gosto de dar apoio e de cuidar do desenvolvimento de pessoas";
- "Construir relacionamentos duradouros";
- "...coordenar pessoas";
- "Montar equipes e coordenar departamentos".

➤ Vermelho:
- "...fechar mais negócios, e mais rapidamente";
- "...assumir o controle de negócios e promover excelência na execução";
- "...dinâmico e movido por resultados";
- "...pragmático, proativo e decisivo".

➤ Ouro:
- "...assegurar adesão a... políticas ao longo do negócio";
- "...penso numa abordagem à gestão de riscos";
- "...muita atenção aos detalhes";
- "...altamente preciso".

Além de pesquisar clientes on-line você pode coletar evidências de interações anteriores com eles por e-mail e ao telefone. Por exemplo, vamos rever a reação de certo tipo de cliente em resposta a um e-mail confirmando um compromisso. O e-mail que você mandou diz:

Caro Steve,
Após nosso contato telefônico, estou escrevendo para confirmar nosso encontro em seu escritório na segunda-feira, 14 de maio às 14 horas.

Como conversamos, seria útil compreender melhor seu novo projeto e discutir como nosso novo serviço pode ser capaz de ajudá-lo nisso.

Se tiver quaisquer perguntas ou alguma área específica sobre a qual queira conversar na reunião, por favor, me fale.

No aguardo de nosso encontro.

Saudações, Simon

Uma resposta Verde:

Olá, Simon,

Ótimo – o tempo trabalha a meu favor!

Nosso novo projeto de fato parece muito estimulante e estou ansioso para saber mais sobre como seu novo serviço pode nos ajudar a inovar.

Nos vemos na segunda – ótimo fim de semana pra você!

Saudações,

Steve

Uma resposta de um Azul:

Olá, Simon,

Grato pela sua confirmação. Por favor, me avise se mudar de planos, pois estou certo de que posso ajeitar por aqui, se for preciso.

Em anexo, um mapa e detalhes do endereço para ajudá-lo a nos localizar. Por favor, note que há um estacionamento para visitantes perto da entrada principal – isso será mais prático para você do que fazer a longa caminhada desde o estacionamento principal!

O novo projeto proposto representa uma mudança significativa para a empresa, e tenho algumas preocupações a respeito de como as pessoas estão sentindo isso e como podemos apresentá-lo de uma maneira que minimize a disrupção em relação às atuais formas de trabalho.

Aguardo com interesse nosso encontro (e para saber mais a respeito da capacitação de seu pessoal) na segunda, dia 14.

Espero que tenha um fim de semana agradável e relaxante.

Saudações, Steve

Um Vermelho respondendo:

Simon,
Está agendado.
Preciso saber mais sobre sua capacidade de execução/recursos.
Steve

Um Ouro responderia:

Caro Simon,

Obrigado pela confirmação de nosso encontro às 2 da tarde do dia 14 de maio em nosso escritório-sede, na Sala de Reuniões 4.

Em anexo, um mapa e detalhes do endereço. Por favor, atente que o CEP que você precisa colocar no seu navegador por satélite é diferente do nosso CEP principal para correspondência pelo correio. O CEP correto está no canto esquerdo inferior do mapa.

Por favor, apresente-se na recepção. Eles vão me ligar e então eu desço para encontrá-lo e levá-lo até a sala de reuniões. Por causa de nossos procedimentos de segurança, todos os visitantes devem estar acompanhados enquanto estiverem no local.

O propósito da reunião é entender se você atende aos nossos critérios para um fornecedor externo adequado. Se for o caso, poderemos colocá-lo na lista preferencial para o estágio seguinte do nosso processo de licitação.

Vou me preparar para expor:

1. Onde esse processo se encaixa no nosso processo atual;
2. Descrever o objetivo, os estágios e os prazos para o novo projeto;
3. Os pontos-chave em relação à qualidade, custos e prazos;
4. Principais partes interessadas e participantes do projeto do seu lado.

Por favor, esteja preparado para expor:

1. Exemplos específicos/estudos de caso em que você tenha empreendido esse trabalho antes;
2. Detalhes sobre clientes existentes que possamos usar para obter referências;
3. Uma indicação dos custos por etapas da provisão de seu serviço;
4. Seus processos internos de controle de qualidade e de procedimentos;
5. Currículos dos consultores que você propõe como adequados a esse projeto.

Também estaria interessado em saber mais a respeito de sua empresa, incluindo seu portfólio completo de produtos e serviços e os perfis referentes à capacitação de seu pessoal.

Por favor, indique quais informações você poderia mandar antes da nossa reunião de segunda-feira, 14 de maio.

Atenciosamente, Steve

Quando você sintoniza com as dicas de todas as comunicações de seu cliente, maximiza suas chances de identificar corretamente a preferência comportamental dele. Isso inclui quando você fala com ele pelo telefone. É comum falarmos com nossos clientes pelo telefone antes de encontrá-los pessoalmente. E há pessoas que passam a maior parte, se não a totalidade, de seu tempo interagindo com seus clientes pelo telefone. Se você consulta as dicas verbais e as dicas de linguagem ou palavras descritas nos Quadros 7.1 e 7.2 e começa a prestar atenção nelas, vai descobrir que é capaz de identificar de maneira rápida e acertada a preferência comportamental do cliente também pelo telefone.

Portanto, observamos as várias dicas de personalidade a partir do comportamento do cliente, e agora precisamos classificá-lo.

CLASSIFICAR

A partir das informações acima, você começará a ser capaz de fazer uma classificação inicial. Por favor, mantenha a mente aberta em relação à cor do cliente, por duas razões.

Primeiro, porque as pessoas demoram um pouco mais para fazer uma classificação correta, já que os comportamentos não costumam ser tão óbvios ou ostensivos.

Em segundo lugar, como explicado no Capítulo 6 (e você provavelmente verá isso em seu próprio Mapa do Cérebro PRISMA), a maioria das pessoas tem um quadrante ou cor que é sua preferência principal ou básica ("a ponta de sua lança comportamental") e uma que é uma preferência secundária ou de apoio ("a haste de sua lança comportamental"). Portanto, é provável que você colete dicas de ambas (ou talvez até de outras) preferências.

À medida que você ficar mais confiante e competente em classificar seus clientes começará a levar em conta definições mais sutis como "Azul/Ouro" (Azul como preferência principal ou condutora, Ouro como preferência de apoio) ou então "Vermelho/Verde" (Vermelho como principal, Verde como apoio), e isso lhe permitirá adaptar seu comportamento de maneira mais eficaz ainda, já que além de se adaptar à preferência primeira de seu cliente você também incorpora algumas adaptações à preferência de apoio dele.

Depois de ter feito essa classificação inicial, você está em condições de adaptar seu comportamento de acordo, para harmonizar com a cor do comprador.

ADAPTAR

Os Quadros 7.3 a 7.6 descrevem os seguintes aspectos para cada preferência de cor:

1 Quais são os gostos e motivações dos clientes;

2 Do que eles não gostam;

3 Qual o estilo de vender e a abordagem adequados.

QUADRO 7.3 Clientes Verdes

DO QUE ELES GOSTAM E O QUE OS MOTIVA	DO QUE NÃO GOSTAM	ESTILO E ABORDAGEM DE VENDAS
• Novas ideias e maneiras de trabalhar. • Inovação. • Criatividade. • Novas experiências. Experimentação. • Ser um *early adopter*. • Variedade. • Mudança. • Emoções. • Desafios. • Aprovação e reconhecimento social – ser apreciado e popular. • Expressar suas ideias e opiniões. • Relacionar-se com pessoas num ambiente positivo e amistoso. • Uma atmosfera dinâmica. • Liberdade para ser inovador. • Fazer as coisas do seu jeito. • Mínimo de regras possível. • Conhecer novas pessoas.	• Rotina repetitiva. • Processos rígidos e limitações. • Qualquer coisa que percebam como comum ou entediante. • Muitos detalhes. • Excesso de estrutura. Cronogramas. • Que haja apenas uma opção ou resposta. • Mente estreita. • Ritmo lento. • Ser impopular.	• Apresente soluções positivas. • Apresente novas ideias, novidades e inovações. • Fale sobre o futuro. • Envolva-os em gerar e discutir ideias. • Deixe que falem, mostre que está ouvindo e sorria para encorajá-los. • Forneça uma visão de um quadro geral e de prazos de implementação para resultados futuros (mantenha os detalhes em reserva). • Use mais emoção, menos lógica. • Use visuais coloridos sobre o quadro geral. • Forneça várias opções e então ajude-os a reduzir o leque de escolhas. • Mostre como seu produto ou serviço irá fazer com que se destaquem. • Seja amigável e animado. • Conte histórias. • Divirta-se com sua apresentação. • Eles podem tomar decisões rápidas, portanto, esteja pronto a agir rápido e pedir para fechar negócio, senão seus concorrentes podem passar-lhe a perna!

QUADRO 7.4 Clientes Azuis

DO QUE ELES GOSTAM E O QUE OS MOTIVA	DO QUE NÃO GOSTAM	ESTILO E ABORDAGEM DE VENDAS
• Manter estabilidade e o *status quo*. • Cooperação e colaboração. • Consenso e harmonia. • Concordância. • Lealdade. • Atmosfera amigável, pouco estresse. • Sentir-se parte de um time unido. • Ritmo lento. • Ter tempo para tomar decisões. • Ajudar outras pessoas. • Colocar os outros em primeiro lugar. • Ser valorizado e apreciado. • Coisas que se encaixem com as atuais maneiras de trabalhar, normas ou cultura.	• Insensibilidade. Grosseria. • Agressão. • Conflito. • Mudança. • Pressão. • Impaciência. • Ser apressado a tomar decisões. • Ambiente instável.	• Gaste tempo em conversa fiada. • Seja caloroso e amistoso. • Esteja disposto a compartilhar detalhes pessoais. • Podem ser lentos nas decisões e consultar outros para chegar a um consenso, por isso, seja paciente. • Sugira envolver outras pessoas da empresa deles no processo. • Promova mudanças ou inovação passo a passo. • Propicie o que for preciso para mostrar que seu produto ou serviço é seguro e confiável. • Não faça pressão para um fechamento – vá com calma! Avance a venda de modo lento e sereno – eles têm mais facilidade para aceitar várias pequenas decisões do que uma única grande decisão! • Assuma uma abordagem colaborativa, de parceria e trabalho conjunto. • Mostre que sua solução ajuda e beneficia outras pessoas. • Com estudos de caso, mostre com quem já trabalhou e como outras pessoas como eles se beneficiaram – traga muitas provas de que funciona. • Tranquilize e enfatize o suporte que eles terão. • Permita que falem ou se encontrem com outros clientes.

Como ler seu cliente e se adaptar ao estilo dele

QUADRO 7.5 Clientes Vermelhos

DO QUE ELES GOSTAM E O QUE OS MOTIVA	DO QUE NÃO GOSTAM	ESTILO E ABORDAGEM DE VENDAS
• Ganhar. • Agir. • Superar desafios e alcançar metas. • Um ambiente que lhes permita estar no comando e alcançar resultados. • Respeitar prazos. Alcançar resultados. Ser o melhor. • Status pessoal e reconhecimento público. • Poder e controle. Papéis de liderança. • Comandar e ter autoridade. • Eficácia e produtividade. Mudança (se eles estiverem no controle). • Tomar decisões radicais.	• Perder. • Discussões longas e repetitivas. • Ritmo lento. • Indecisão. • Ineficácia. • Qualquer coisa que percebam como desperdício de tempo. • Excesso de detalhes e de informações irrelevantes. • Ter que seguir ordens. • Coisas muito distantes no futuro e que não possam ser iniciadas agora.	• Vá direto ao assunto; seja conciso e profissional. • Mantenha reuniões e apresentações focadas e curtas. • Prepare-se para ser desafiado e enfrente isso bem, para demonstrar credibilidade. • Peça a opinião deles – vão dá-la de qualquer jeito! • Use um estilo por tópicos – chegue ao essencial rápido e mantenha foco no quadro geral. • Foco em resultados, realização e ação. • Mostre uma visão geral dos passos exigidos para alcançar metas. • Seja prático e pragmático. • Mostre como seu produto ou serviço irá dar-lhes poder, controle e status. • Estudos de caso – foco em resultados. Mostre o que alcançou com clientes similares. • Mostre o que alcançou com clientes anteriores; mostre como os ajudou a superar desafios. • Ande rápido; eles se sentirão confortáveis com você fazendo pressão para avançar. • Eles tomam decisões rapidamente, por isso, prepare-se para andar depressa.

QUADRO 7.6 Clientes Ouro

DO QUE ELES GOSTAM E O QUE OS MOTIVA	DO QUE NÃO GOSTAM	ESTILO E ABORDAGEM DE VENDAS
• Resultados de qualidade. • Precisão. • Altos padrões. • Ambiente que lhes propicie privacidade, paz e tranquilidade, com poucas interrupções. • Abordagem lógica, passo a passo. • Previsibilidade. • Ser metódico. • Eficiência. • Planejar antes. • Seguir um processo. • Fatos. • Lógica. • Clareza. • Tempo para concluir as coisas de modo adequado. • Tempo para tomar a decisão correta. • Fazer as coisas direito. • Testado e comprovado.	• Falta de cuidado. • Desorganização. • Falta de clareza e de detalhes. • Informações imprecisas. • Padrões baixos. • Incompetência. • Questões emocionais e atitudes emotivas. • Ser apressado. • Mudança. • Bagunça.	• Esteja preparado e seja profissional. • Pouca "conversa fiada" – não seja indiscreto. • Assuma abordagem lenta, ponderada, passo a passo. • Prove sua capacidade e credenciais – dê provas disso. • Dê os detalhes necessários para mostrar que a solução é testada e aprovada, com resultados comprovados. • Permita que façam todas as perguntas, e responda-as de modo sucinto e detalhado. • Use mais lógica, dados, pesquisa e fatos do que emoção. • Mostre estudos de caso detalhados e com base em dados. • Dê tempo para ponderarem, analisarem e absorverem informações. • Defina um processo com eles e siga-o. • Mostre dados, informações e estudos, e deixe detalhes adicionais com eles. • Dê tempo para analisarem; não os pressione a tomar decisões nem tente apressar o negócio.

Como ler seu cliente e se adaptar ao estilo dele

Cópias desses quadros para consulta podem ser baixadas de graça do site www.neuro-sell.com depois que você se registrar (material em inglês).

Para finalizar este capítulo, algumas frases que você pode gostar de usar com cada tipo de cliente:

➤ Cliente Verde:

- "Isso vai permitir a você e à sua empresa liderar o caminho no futuro."
- "Isso vai ajudá-lo a assumir a liderança no seu mercado."
- "Isso vai colocá-lo na vanguarda do seu setor."
- "Isso vai lhe oferecer um produto/serviço/solução de alto nível/de ponta."
- "Eu realmente acharia muito bem-vindas as suas ideias e contribuições a respeito de como isso poderia funcionar."
- "Seria ótimo ser capaz de mostrar vocês como um cliente que está liderando o setor."
- "O principal benefício que vocês terão é..."
- "Este é de fato o produto/serviço/solução mais avançado."
- "Vocês estão entre as primeiras pessoas que veem isso."
- "Vocês acham que poderiam ter alguns outros usos para essa solução?"

➤ Cliente Azul:

- "Se desejarem, falem com nossos outros clientes que foram bem-sucedidos nessa transição..."
- "Esse é um produto testado e comprovado e no qual vocês podem confiar plenamente."
- "Estaremos sempre à disposição para ajudá-los dando suporte quando precisarem."
- "Vamos com certeza reservar um tempo para considerar com cuidado isso com vocês antes de avançarmos."

- "Isso vai propiciar a vocês confiabilidade e segurança."
- "Posso garantir que darei a vocês quaisquer informações e confirmações que precisarem para poder tomar a decisão certa."
- "Podemos também dar alguns pequenos passos iniciais com vocês."
- "Seria útil recolher as visões de outras pessoas em sua empresa às quais isso poderia ser útil."
- "Nossa garantia é 100% sólida e cobre quaisquer riscos que vocês possam correr."

➤ Cliente Vermelho:

- "Você é o tipo de pessoa que faria um trabalho assim."
- "Isso vai colocar vocês na linha de frente e ajudá-los a liderar na sua área."
- "Vocês terão controle total disso."
- "Isso vai colocar vocês no assento do motorista."
- "Isso produz resultados."
- "Deixe-me provar a vocês que isso de fato dá resultados."
- "Essa é uma maneira comprovada e eficaz de..."
- "Isso vai permitir que vocês alcancem..."
- "Vamos definir de comum acordo os passos necessários para começar."
- "Podemos ir tão rápido quanto vocês quiserem!"

➤ Cliente Ouro:

- "Depois que vocês tiverem examinado esses fatos com calma..."
- "Com as informações que forneci, vocês estão em posição de examinar os fatos, interpretá-los e tirar as próprias conclusões."
- "Eu trouxe todas as informações que vocês podem precisar para examinar esse produto a fundo e tirar as próprias conclusões."
- "Este é um produto comprovado, e nossos estudos de caso demonstram que se trata de algo em que vocês podem confiar."
- "Obtivemos resultados consistentes com o Cliente X. Vocês

gostariam de conhecer os detalhes?"

- "Nós não queremos avançar antes de ter 100% de certeza de que isso é de fato adequado a vocês."
- "Nosso foco em altos padrões..."
- "Nós constantemente medimos, avaliamos e revisamos nosso desempenho."
- "Vamos mostrar a vocês detalhes/fatos/análises/pesquisas."

Você agora está equipado com a capacidade de observar seus clientes, classificar suas preferências comportamentais e então adaptar seu estilo de vendas de modo que fique adequado à preferência deles. Isso diminuirá tensões interpessoais e tornará o processo todo mais confortável para todos os envolvidos.

Quando explico essa metodologia às minhas plateias nas conferências ou aos clientes aos quais presto consultoria, sempre há alguém que pergunta se ao mudar seu comportamento dessa maneira você de alguma maneira não pode parecer artificial ou dar a impressão de que não está sendo você mesmo. Se você também tem esse tipo de preocupação, então deixe-me tranquilizá-lo. Quando você utiliza essa abordagem, não é que você passe de repente a adotar um personagem que age de maneira totalmente diferente da sua maneira normal de se comportar. Você faz uma adaptação sutil e respeitosa. Você se torna um pouco mais Verde, Azul, Vermelho ou Ouro conforme o caso. Você flexibiliza e adapta seu comportamento natural – não faz uma mudança radical! Continua sendo seu eu autêntico, e isso é importante para certificar-se de que encontrará credibilidade e confiança da parte do cliente.

Na realidade, conforme você se torna mais como o cliente, de maneiras sutis, e a tensão interpessoal desaparece, o relacionamento entre vocês melhora e se torna mais positivo. Os clientes não vão achar que há algo estranho – eles simplesmente passam a gostar de você. Você é como eles! Isso lhe permite vender a eles de uma maneira que sentirão como algo confortável. E, o mais importante, permite que comprem de uma maneira mais confortável para eles. Profissionais de vendas que conseguem ajudar seus clientes a se sentirem confortáveis quando estão comprando são os mais bem-sucedidos.

Como reflexão final, o camaleão nunca deixa de ser camaleão. Ele simplesmente muda de cor para se adaptar e se fundir melhor ao seu ambiente. E foi sobre isso que este capítulo tratou – fundir-se com elegância à maneira de comprar preferida pelo cliente. Portanto, incentivo você a se tornar um camaleão e mudar sua cor para combinar com a do comprador – e fazer isso no grau que for confortável a você, seja qual for. As únicas pessoas que não vão gostar disso são seus concorrentes...

CAPÍTULO 7

Como ler seu cliente e se adaptar ao estilo dele

CAPÍTULO 8

O PROCESSO DE "NEUROVENDAS" AMIGÁVEL AO CÉREBRO – PRIMEIRA FASE: CONSIDERAR

O objetivo do processo de "neurovendas" amigável ao cérebro é ajudar clientes a chegar a uma decisão que seja a melhor para eles. Todos queremos tomar boas decisões. Nossa tarefa como profissionais de vendas é atender nossos clientes ajudando-os a tomar decisões que os beneficiem. O processo de "neurovendas" amigável ao cérebro é focado e centrado no cliente, e envolve-os ativamente no processo de tomada de decisão. Não há nada que seja "forçado" ou "empurrado" em cima deles.

Isso me faz lembrar uma citação atribuída ao filósofo chinês Lao Tsé: "Quando o trabalho do melhor líder está concluído as pessoas dizem 'Nós mesmos fizemos isso'". Peço desculpas a Lao Tsé, mas minha versão é: "Quando o trabalho do melhor profissional de vendas está concluído, o cliente diz 'Acabei de tomar uma grande decisão!'".

Esse processo não foi concebido numa torre de marfim. Ele se baseia numa síntese poderosa de pesquisa de ponta em neurociência, combinada com um processo de vendas testado e aprovado que foi extensivamente comprovado em campo em situações de vendas concretas. Em resumo, ele é uma combinação de ciência de ponta com experiência conquistada com trabalho árduo!

São oito estágios amigáveis ao cérebro a serem seguidos. Por favor, note que esses estágios têm o intuito de constituir um guia prático para você. Não há roteiros de vendas pouco criativos a serem seguidos ou passos aos quais estejamos restritos. Pense nesses estágios como um corrimão útil para guiá-lo pelo processo de vendas, desde causar uma primeira impressão positiva seguindo pelo percurso todo até conseguir um comprometimento firme com o cliente.

Os oitos estágios são:

1 Considerar;

2 Conforto, Parte 1: conectar;

3 Conforto, Parte 2: camaleão;

4 Conforto, Parte 3: controlar;

5 Contextualizar e catalisar;

6 Verificar:

➤ Dinheiro;

➤ Critérios;

➤ Autoridade;

➤ Dor;

➤ Prazer.

7 Convencer:

➤ Curiosidade;

➤ Clareza;

➤ Contraste;

➤ Concretude;

➤ Certeza e credibilidade.

8 Confirmar e concluir.

Para facilitar a leitura e a compreensão, dividi esses oito estágios de vendas amigáveis ao cérebro em cinco fases, cada uma ocupando um capítulo. A primeira fase é sobre o planejamento e preparação que você precisa fazer antes de encontrar o cliente. A segunda fase é dedicada a maximizar a sensação de conforto psicológico do cliente. A terceira trata de coletar e esclarecer informações sobre a situação do cliente para você poder entender o que ele precisa. A quarta fase é dedicada a apresentar e oferecer seus produtos e serviços de modo eficaz. A quinta e última fase é focada em fechar a venda e ganhar o negócio.

Então vamos iniciar nossa jornada examinando o que você precisa fazer antes de se encontrar com seu cliente, preparando-se para obter o máximo de sucesso possível em sua venda.

ESTÁGIO 1: CONSIDERAR

O primeiro estágio do processo de "neurovendas" amigável ao cérebro é *considerar* da maneira mais plena e adequada possível o cliente e o apelo de vendas que você está prestes a empreender. Como mencionado no Capítulo 1, em vendas *business-to-business* a quantidade de tempo que os compradores estão se dispondo a dar aos profissionais de vendas vem diminuindo. Está mais difícil ficar diante de compradores, e, portanto, quando você consegue ficar diante do cliente é de vital importância que tenha feito um bom planejamento e esteja bem preparado.

Se você vende direto a consumidores, sabe que os mercados estão cada vez mais competitivos e que o número de empresas que disputam a atenção e o dinheiro dos consumidores só aumenta. Apresentar-se diante dos consumidores é cada vez mais desafiador. É importantíssimo maximizar a proporção de seus encontros que se tornam vendas fechadas, portanto, uma vez mais, planejar e se preparar bem é essencial.

Como todos os verdadeiros profissionais de vendas sabem, é fundamental gastar um tempo considerando o que você precisa planejar e preparar de antemão a fim de maximizar suas chances de sucesso. Portanto, vamos examinar alguns dos elementos vitais.

◢ Informações sobre o cliente

Se você está indo visitar um novo cliente, é importante fazer uma pesquisa antes de se encontrar com ele. A disponibilidade de informações pela internet significa que é possível fazer uma pesquisa rápida e fácil.

Se você vende para empresas, na grande maioria dos casos elas têm um site que você pode consultar, e é cada vez maior o número de empresas com presença nas redes sociais. Uma pesquisa rápida, mas bem feita, costuma fornecer informações valiosas sobre a natureza da empresa do cliente.

Cada vez mais a expectativa dos clientes corporativos é que você já tenha pesquisado a empresa antes de vir falar com eles. Portanto, você pode mencionar o que já sabe sobre a empresa deles e fazer perguntas adicionais para entender melhor (examinaremos detalhadamente o processo de questionamento em vendas mais adiante neste capítulo). Mostrar interesse pela empresa deles também é uma boa maneira de criar *rapport* com clientes.

◢ Informações sobre o setor do cliente

Se você vende regularmente para setores específicos, é importante também estar atualizado com os últimos desenvolvimentos desses setores. Você pode assinar revistas relevantes sobre essas áreas, consultar sites relacionados ao setor ou assinar *newsletters* e *feeds* de notícias. Isso o manterá a par do que está acontecendo, dará insights a respeito dos problemas e desafios do setor e também fornecerá tópicos úteis de conversação quando se encontrar com o cliente. Ser capaz de discutir com seus clientes as últimas notícias ou tendências e demonstrar bons conhecimentos a respeito deles ajuda a posicioná-lo com um profissional de vendas com autoridade naquilo que importa.

Pesquisa do doutor Robert Cialdini (1993), da Universidade do Estado do Arizona, mostra que as pessoas sentem uma forte pressão de atender às solicitações de um indivíduo que percebem como possuidor de autoridade. A sociedade ensina às pessoas que obedecer à autoridade é a maneira correta de se comportar. Segundo Cialdini, "costuma ser adaptativo obedecer aos ditames de autoridades genuínas, pois tais indivíduos costumam ter altos níveis de conhecimento, saber e poder".

Portanto, é importante que você seja percebido pelo cliente como uma autoridade e expert em seu campo. É bem mais provável que os clientes reajam positivamente às suas solicitações se perceberem você como uma autoridade. Portanto, você precisa ter muito bom conhecimento e se manter atualizado no campo que escolheu, de modo a ser capaz de comunicar essa sua autoridade ao cliente.

Devemos sempre estar focados em fazer o cérebro do cliente se sentir o mais confortável possível conosco. Se você é percebido como especialista com autoridade no assunto, o cérebro do cliente se sentirá seguro em suas mãos e ficará mais aberto e receptivo aos seus conselhos e sugestões.

A pesquisa de Cialdini mostra que a deferência à autoridade pode ocorrer de uma "maneira impensada, como uma espécie de atalho à tomada de decisão". Portanto, é muito importante você trabalhar para estabelecer e comunicar sua autoridade e *expertise*.

◢ Informações sobre seus produtos e serviços

Além de pesquisar o negócio do cliente e estar bem informado sobre o setor dele, você precisa ser capaz de demonstrar sua *expertise* nos produtos ou serviços que está vendendo. Tem que conhecer os detalhes de seus produtos e serviços e ser capaz de responder com confiança e clareza qualquer pergunta que o cliente fizer.

Se o cérebro do cliente percebe algum desconforto em você (por exemplo, em razão de alguma deficiência no conhecimento de seu produto, ou porque você não foi capaz de responder uma pergunta de maneira sucinta), então é o cliente que começa a se sentir desconfortável. Você deve transmitir confiança e autoridade, pois isso deixa o cérebro do cliente confortável e receptivo às suas sugestões.

Certifique-se de ter feito um bom planejamento e de estar bem preparado e de ter com você quaisquer materiais, pesquisas e outros acessórios para a venda. A impressão que você deve criar no cérebro do cliente é: "Essa pessoa realmente sabe o que está falando!".

O processo de "neurovendas" amigável ao cérebro - primeira fase: Considerar

◢ Metas do encontro

É impressionante a quantidade de pesquisa que já foi realizada sobre a definição de metas e o impacto que isso tem no desempenho. Uma das conclusões mais robustas que vieram de toda essa pesquisa é que a definição de metas melhora o desempenho de tarefas.

Como afirmei em meu livro *The Inner Winner* ["O Vencedor Interior"] (Hazeldine, 2012):

Metas influenciam o desempenho de várias maneiras importantes:

➤ Metas concentram a atenção e a ação em aspectos importantes do desempenho;

➤ Metas definem padrões específicos que motivam indivíduos a realizar ações;

➤ Metas aumentam não apenas o esforço imediato e a intensidade, mas também ajudam a prolongar o esforço e a aumentar a persistência;

➤ Metas também provocam o desenvolvimento de novas estratégias de solução de problemas e de aprendizagem.

Em resumo, definir uma meta clara (ou metas) para o seu encontro dará ao seu cérebro algo em que focar e em que se apoiar. Nossos cérebros são bombardeados diariamente por informações sensoriais e, a fim de poder lidar com isso, algumas informações são "filtradas e excluídas". A parte do cérebro que é chamada de sistema de ativação reticular, ao qual você foi apresentado no Capítulo 3, é o que decide que informações merecem atenção e quais podem ser ignoradas. Isso ajuda o cérebro a escolher onde focará a atenção conscientemente.

Pessoas que moram perto de aeroportos ou ferrovias não são tão conscientes do barulho de aviões e trens, pois seus sistemas de ativação reticular atenuam o efeito do estímulo repetido. Isso ajuda a evitar que o cérebro fique sobrecarregado. Em contraste com isso, se você de repente se interessa por um modelo ou cor de carro em particular, como a meta que você tem agora em seu cérebro influencia as coisas em que seu sistema de ativação reticular vai prestar atenção, o mundo vai parecer cheio exatamente desse modelo ou cor de carro!

Portanto, para maximizar suas chances de sucesso em vendas é muito importante ter clareza sobre as metas que você definiu para a sua reunião. Fundamentalmente, toda reunião com cliente deve ter uma dessas duas metas: 1) fechar a venda; 2) avançar a venda em direção ao fechamento.

Em muitos setores, particularmente quando a venda é mais complexa ou quando o nível de despesa é alto, é inviável fechar a venda numa só reunião. Serão necessárias várias reuniões até que o processo de vendas seja concluído. Nesses casos você precisa ter uma meta clara para avançar a venda. Isso impede que haja reuniões improdutivas e que o ciclo da venda se estenda mais do que o estritamente necessário.

Sua meta final é fechar a venda. Essa meta pode ser dividida em várias submetas que apoiem isso. As submetas podem incluir as informações que você precisa coletar para fazer a venda avançar, entender o processo de compra a ser seguido, identificar quem estará envolvido no processo, determinar o que você quer que o cliente acredite a seu respeito e sobre sua organização para que se sinta confortável em trabalhar com você, e assim por diante. É importante que isso fique o mais definido possível, para você ter clareza a respeito de qual é sua meta. Sem alguma evidência concreta você não consegue saber se está tendo sucesso ou não.

Objetivos escassamente articulados como "Vá construindo aos poucos o relacionamento com o cliente" ou "Mantenha contato com o cliente" vão render poucos resultados e fazer você desperdiçar seu tempo, e, mais importante, o tempo do cliente. Torne as metas da reunião bem específicas. Dê ao seu cérebro algo em que se apoiar.

Alguns exemplos:

➤ "Ao final desta reunião serei capaz de articular a natureza dos desafios e problemas específicos do cliente, e obter a concordância dele em relação a isso."

➤ "Ao final desta reunião serei capaz de articular o custo financeiro dos desafios e problemas específicos do cliente, tanto a curto como a longo prazo, e ganhar a concordância dele sobre isso."

➤ "Ao final desta reunião terei identificado os passos no processo de compra do cliente e saberei que pessoas estarão envolvidas em cada estágio, ganhando a concordância do cliente quanto a isso."

➤ "Ao final desta reunião terei definido os critérios que o cliente utilizará para determinar com que fornecedor deseja colocar o negócio em contato, e serei capaz de ganhar a concordância dele."

➤ "Ao final desta reunião vou conseguir a concordância do cliente de que temos experiência, *expertise* e capacidade para sermos seu novo fornecedor."

Tendo uma meta muito clara para a reunião, com evidências que você possa usar para determinar se alcançou sua meta ou não, você dá ao seu cérebro algo muito concreto como apoio. Terá aberto os filtros sensoriais específicos que apoiarão a meta de sua reunião, deixando seu cérebro mais sintonizado para detectar a informação que ele precisa localizar. Este passo simples, mas poderoso, de definir a meta ou metas específicas que você quer alcançar em cada reunião dará forte apoio ao seu sucesso nas vendas.

◢ Pesquisar a pessoa ou as pessoas que irá encontrar

Além disso, como mencionado no Capítulo 7, pesquisar as pessoas individuais que você encontrará por meio do LinkedIn é um bom exercício. Junto com as dicas de comportamento que lhe permitirão refletir e se preparar para adaptar seu estilo ao estilo de comportamento que eles preferem, você também pode aprender a respeito do histórico de carreira deles, identificar áreas de interesse profissional a partir da participação deles em grupos do LinkedIn e descobrir com que tipos de pessoas eles fazem conexão.

Chegada às instalações do cliente

Quando você chegar ao local do cliente, mantenha olhos e ouvidos abertos para captar informações que possam ser úteis. Às vezes você consegue aprender muito a partir do que vê na recepção do cliente, ou de exemplares de revistas de circulação interna, relatórios anuais, material de marketing, folhetos, pôsteres, fotos e premiações expostas. Você nunca sabe o quanto uma informação que coletou poderá ser útil. Portanto, não desperdice seu tempo ficando apenas sentado tomando café – dê uma boa olhada em volta! Há outra razão muito importante para não ficar apenas sentado na sala de espera de uma recepção, e vou examinar isso mais adiante neste livro.

Esteja pronto a adaptar

Como mencionado no Capítulo 7, você precisa examinar com atenção o que tiver descoberto até aqui a respeito da possível preferência comportamental do cliente.

É uma boa prática estar preparado para se deparar com qualquer preferência comportamental possível (ou combinação de preferências). Esteja pronto a ter contato e a vender a qualquer combinação possível de clientes – Verdes, Azuis, Vermelhos ou Ouro. Por exemplo, esteja pronto a entrar fundo em detalhes com um cliente Ouro, pronto a focar em questões de ação no caso de um cliente Vermelho, e assim por diante.

Dito isto, se sua pesquisa indica que a pessoa com a qual está em contato é muito provavelmente uma personalidade Azul, por exemplo, então pode levar isso em conta e se preparar de acordo. No entanto, esteja sempre preparado para descobrir que a personalidade do cliente é diferente do que você inicialmente esperava e para encarar outras pessoas que venham se somar à reunião. Espere sempre o inesperado!

Pré-planejador da "neurovenda"

Quando você visitar e se registrar no site www.neuro-sell.com poderá baixar uma cópia gratuita do documento (em inglês) Pré-planejador da Neurovenda ["Neuro-Sell Pre-Call Planner"]. Esse documento irá

CAPÍTULO 8

O processo de "neurovendas" amigável ao cérebro - primeira fase: Considerar   129 conduzi-lo passo a passo por um efetivo planejamento pré-venda. Usar esse documento antes de *cada* encontro com o cliente maximiza suas chances de sucesso.

Agora que você considerou a fundo todo o planejamento e preparação exigidos para ir bem em seu encontro com o cliente, terá definido uma sólida base sobre a qual construir uma visita de vendas bem-sucedida. No Capítulo 9, examinaremos o contato com o cliente e como fazê-lo se sentir confortável conosco.

Como todos os verdadeiros profissionais de vendas sabem, é fundamental **gastar um tempo** considerando o que você **precisa planejar** e **preparar de antemão** a fim de **maximizar** suas **chances de sucesso**.

CAPÍTULO 9

O PROCESSO DE "NEUROVENDAS" AMIGÁVEL AO CÉREBRO – SEGUNDA FASE: MAXIMIZAR O CONFORTO

Neste capítulo vamos examinar a segunda fase, que consiste nos estágios 2, 3 e 4 do processo de "neurovendas" amigável ao cérebro, todos focados em maximizar a sensação de conforto psicológico do cliente.

ESTÁGIO 2: CONFORTO, PARTE 1: CONECTAR

Você deve estar lembrado do Capítulo 3, quando dissemos que na primeira reunião com o cliente você é um estranho, e que as partes mais primitivas do cérebro do cliente vão instantaneamente levar a uma reação de ameaça para decidir se você é amigo ou inimigo. Por favor, não se ofenda com isso – estamos falando de uma parte automática, orientada à sobrevivência, egoísta e inconsciente do cérebro do cliente.

Além disso, em razão de estereótipos negativos sobre profissionais de vendas, os clientes podem achar que a pessoa de vendas tentará pressioná-los a comprar, ou ludibriá-los, fazer promessas descabidas e não cumpri-las, inflacionar o preço do produto ou serviço ou vender algo que não precisa ou em quantidade bem maior do que o necessário. Clientes podem se sentir com dúvidas ou inseguros, portanto é muito importante que num estágio bem inicial da operação de venda possamos maximizar a sensação de conforto dos clientes e depois não só manter isso, mas aumentar essa sensação durante todo o processo de vendas.

Há algumas coisas específicas que precisamos fazer para tranquilizar as partes reptilianas e emocionais do cérebro do cliente e deixá-lo confortável conosco da primeira vez que fizermos contato.

Com base no que aprendeu no Capítulo 7, assim que estiver na presença de clientes você já pode começar a observar seu comportamento, para ter sucesso em classificar sua preferência comportamental e poder reagir de acordo. Assim você maximiza sua capacidade de deixar os clientes à vontade com você e aumenta sua aptidão de se conectar com eles.

Existem, porém, alguns comportamentos "universais" que você pode exibir e que irão ajudar o cérebro primitivo do cliente a se sentir confortável em vez de ameaçado, ajudando-o a ficar mais tranquilo e começar a se sentir à vontade. São eles:

➤ **Sorria:** imagino que isso possa soar óbvio, mas um sorriso envia um sinal amistoso e de aceitação à outra pessoa, e o cérebro dela reage positivamente.

➤ **Use uma linguagem corporal, aberta, relaxada:** isso comunica uma postura não ameaçadora ao cérebro primitivo do cliente.

➤ **Certifique-se de que seu tronco esteja voltado na direção do cliente:** quando gostamos de alguém tendemos a nos colocar direcionados a essa pessoa (o extremo oposto é virar as costas a alguém!). As pessoas nos percebem como mais abertos e honestos se conseguem ver nosso torso de frente.

➤ **"Erga" suas sobrancelhas para o cliente ao fazer o primeiro contato olho no olho:** esse é um sinal de linguagem corporal universal, que consiste em erguer suas sobrancelhas por cerca de um sexto de segundo quando você está prestes a fazer contato social com alguém. Esse gesto comunica que você se sente positivo em relação a encontrar/conhecer a pessoa.

➤ **Mantenha uma modulação de voz e um tom tranquilo; a velocidade de sua voz deve ser controlada e calma:** nossa voz reflete nosso estado emocional, portanto, sua voz precisa comunicar um estado emocional calmo, não ameaçador.

➤ **Procure igualar a pressão do cumprimento de mão à pressão da outra pessoa:** como padrão, mantenha seu cumprimento firme, mas sem exagerar na força.

➤ **Não invada o "espaço pessoal" de seu cliente:** depois do cumprimento de mão, recue um pouco, e para o lado.

Quanto à importância do espaço pessoal, o pesquisador Edward Hall (1998) cunhou o termo "proxêmica", uma subcategoria do estudo de comportamento não verbal, que exploraremos com detalhes no Capítulo 14. Hall descobriu que todos os animais, incluindo o animal humano, precisam de certo espaço para se sentir seguros. Há nisso um elemento cultural (algumas culturas mostram diferenças quanto à proximidade em que as pessoas podem estar umas das outras nas diversas situações), e há também um elemento límbico. Se você violar o espaço socialmente aceitável de alguém, por exemplo, sentando ou ficando em pé perto demais da pessoa, desencadeará uma reação límbica negativa e aguçará a reação de ameaça no cérebro dela.

Hall definiu quatro distâncias e, embora não considerasse essas medidas como guias rigorosas que pudessem ser transpostas com exatidão para o comportamento humano, elas são regras práticas úteis:

➤ A distância íntima é reservada a interações com amantes, filhos, membros próximos da família e amigos íntimos. Vai desde o contato físico até uma distância de 46 centímetros.

➤ A distância pessoal é para interações entre bons amigos e membros da família e começa por volta de 46 centímetros de distância da pessoa, até cerca de 1 metro e 22 centímetros.

➤ A distância social é para interações com estranhos, grupos recémformados e novos conhecidos, e vai de 1,2 metro a 2,4 metros de distância da pessoa.

➤ A distância pública abrange qualquer distância a partir de 2,4 metros, e é usada em falas e palestras. A distância pública é essencialmente a distância reservada para plateias maiores.

A regra é não chegar perto e cedo demais, caso contrário você provoca as reações límbicas negativas já descritas!

Se você adotar esse contato inicial de modo correto será bem-sucedido em minimizar uma reação de ameaça e aumentará o nível de conforto do cliente em relação a você.

ESTÁGIO 3: CONFORTO, PARTE 2: CAMALEÃO

Como vimos no último capítulo, é fundamental que você se torne um camaleão comportamental e adapte seu comportamento para ajustá-lo da melhor forma possível ao do cliente. Além disso, e para os comportamentos universais descritos acima, há outro comportamento universal crucial que você pode adotar e contribuirá positivamente para diminuir qualquer tensão interpessoal e fazer o cliente se sentir confortável com você.

Eco postural

Pesquisa sobre comunicação não verbal (Condon e Ogston, 1966; Kendon, 1970) revela que quando duas (ou mais) pessoas se sentem confortáveis na presença uma da outra (ou outras; por exemplo, pessoas amigas) elas inconscientemente adotam posturas corporais similares. Quanto mais amigas e em concordância elas estão, mais se acentua o que é conhecido como "eco postural". Além disso, exibirão "ecos gestuais", sincronizando movimentos como inclinar-se para frente, cruzar e descruzar as pernas, assentir ao concordar com algum ponto e pegar seus copos ao mesmo tempo para dar um gole de bebida. Pesquisa que utiliza gravações em vídeo em câmera lenta mostra que também ocorre uma "microssincronia" de movimentos muito pequenos, quase impossível de ver a olho nu. Pessoas que se sentem confortáveis também ecoam as qualidades vocais uma da outra, falando num volume, num ritmo e com um estilo similar. Esse comportamento costuma ser visto em pessoas que percebem ter o mesmo status, isto é, estarem no mesmo nível.

Acredita-se que esse fenômeno é um comportamento humano não aprendido e instintivo, que você talvez já tenha ouvido ser chamado de "isopraxia". Bebês começam a imitar as expressões faciais de pessoas a partir de idade bem tenra, no que se acredita ser uma atividade de criação de vínculo, movida pela sobrevivência.

Você deve lembrar do Capítulo 3, do professor Iacoboni, que realizou pesquisa com neurônios-espelho, acreditando que esses neurônios enviam mensagens ao nosso sistema límbico e nos permitem sintonizar, ter empatia e nos conectar com os sentimentos uns dos outros. Neurônios-espelho talvez expliquem o que muitos psicólogos acreditam há muito tempo, isto é, que ao espelhar a postura, os gestos, movimentos, o tom de voz, o ritmo e altura da voz da outra pessoa você cria uma sensação de conforto e de *rapport* com essa pessoa num nível inconsciente.

Muitos estudos têm demonstrado que os humanos comunicam mais informações por meio de linguagem corporal e tom de voz do que por meio das palavras que utilizam, e, portanto, a razão de espelhar o cliente dessa maneira contribui poderosamente para a sensação de conforto e de conexão que a pessoa sente com você.

A existência de neurônios-espelho pode também explicar por que tanto da comunicação humana ocorre desse modo. O cérebro de seu cliente está constantemente espelhando sua postura, movimentos, ritmo e altura da voz e também suas emoções. Essa capacidade nos permite estabelecer um sentido mais profundo de vínculo mútuo, de compreensão e de conforto. Ela nos ajuda a ter uma atitude compartilhada e uma concordância a respeito de podermos trabalhar juntos.

A aplicação prática disso para você enquanto profissional de vendas é começar conscientemente o processo de espelhar ou ecoar o cliente assim que possível. Isso enviará uma mensagem inconsciente muito forte de familiaridade, de apreço e de *rapport*. É importante fazer isso de modo sutil e respeitoso, tornando-se aos poucos mais parecido com o cliente em postura, gestos, movimentos, e velocidade, tom e cadência da fala. Quanto mais você se tornar como eles, mais gostarão de você.

Esse comportamento contribuirá para que se sintam confortáveis e receptivos em relação a você. Então poderá ir construindo em cima desse eco universal usando suas observações sobre a preferência comportamental de seus clientes e adaptando sua abordagem de vendas de acordo, como descrevemos em capítulos anteriores. Como afirma o doutor Robert Cialdini, da Universidade do Estado do Arizona, em seu livro *Influence* (1993), "As pessoas preferem dizer sim a indivíduos que conhecem e de quem gostam".

Quanto mais você for como seus clientes do ponto de vista comportamental, mais eles vão gostar de você. Quanto mais gostarem de você, mais confortáveis se sentirão. Quanto mais confortáveis se sentirem, maior a probabilidade de que gastem tempo com você, compartilhem informações e finalmente façam negócios com você.

ESTÁGIO 4: CONFORTO, PARTE 3: CONTROLAR

Ao continuar pelos primeiros estágios do processo de vendas, é importante manter-se focado em maximizar a sensação de conforto do cliente em relação a você. Sua meta é contribuir continuamente para criar um estado mental em que o cérebro do cliente fique aberto e receptivo à sua mensagem de vendas. Quanto mais confortável o cliente se sente a seu respeito, mais abertos ficam os receptores de mensagens do cérebro dele.

Nesse estágio do processo de vendas você pode ampliar a sensação de conforto dos clientes propiciando-lhes também uma sensação de controle sobre o que acontecerá. Isso pode ser feito dando uma ideia do processo que pretende seguir. Esclareça que não irá se lançar em nenhum tipo de *pitch* de vendas pré-preparado. Explique que, em primeiro lugar, gostaria de entender melhor o que diz respeito a eles, ao negócio deles (quando estiver vendendo *business-to-business*) e às suas metas. Enfatize que apenas quando você compreender a situação deles é que estará numa posição que lhe permitirá saber se tem condições de ajudá-los ou não.

Ao vender a novos clientes eu uso sempre uma frase como essa, "se puder ajudá-los ou não"; por exemplo, "Se eu chegar à conclusão de que posso ajudá-los (e enfatizo esse 'se') então gostaria de lhes fazer uma proposta". Digo isso por várias razões. Primeiro, porque reduz quaisquer preocupações que os clientes possam ter de que, como muitos e muitos profissionais de vendas, eu me lance num *pitch* de vendas já pronto. Eu digo que só irei fazer alguma proposta se achar que posso de fato ajudá-los. Em segundo lugar, isso sugere que sou seletivo quanto às pessoas com as quais trabalho (o que é verdade), o que aumenta minha credibilidade. E também introduz um sentido de escassez, pois posso decidir não trabalhar com o cliente.

A pesquisa do doutor Robert Cialdini também descobriu que a escassez era um poderoso princípio de influência. Coisas que são difíceis de alcançar ou de obter são percebidas como mais valiosas e mais desejáveis. Num nível inconsciente e mais primitivo do cérebro, a escassez pode ser percebida como uma ameaça à sobrevivência e desperta então emoções poderosas que podem superar a mente consciente ou racional. Descobri que introduzir a mais leve sugestão ou possibilidade de escassez faz o cliente querer meus serviços ainda mais. Por exemplo, quando promotores de conferências que pretendem me contratar como palestrante principal entram em contato, sempre peço que me falem um pouco da sua organização e do que eles querem obter com a conferência. Explico que "quero ver se sou o palestrante certo para vocês, ou não". A alternativa "ou não" me posiciona como um palestrante que não está desesperado para conseguir esse compromisso, ou seja, que eu não trabalho para qualquer um, e só vou falar numa conferência se tiver certeza de agregar valor aos objetivos do evento.

Ao me reunir com clientes pela primeira vez também ressalto que serão eles que estarão sempre no controle – por exemplo, usando frases como "Vocês é que decidirão se somos o parceiro certo". Esse reconhecimento de que os clientes é que estarão no controle é percebido pelo cérebro deles como uma espécie de recompensa. E também lhes dá um estímulo no status que, de novo, também é algo sentido pelo cérebro deles como recompensa.

É importante não exagerar na dose disso. Você quer se posicionar como alguém de status igual, e como uma autoridade na área deles. Não quer ser percebido como subordinado aos clientes, já que isso teria impacto mais tarde no processo de vendas – principalmente na fase de negociação! Você pode exalar uma confiança tranquila, mencionando que apreciaria que eles tivessem a escolha a respeito de quem decidirem selecionar como fornecedor e que está interessado em conversar com eles para compreender a situação e ver se pode ajudá-los ou não. Essa tranquila confiança o ajudará a passar um ar de autoridade e segurança, que terá forte apelo e será reconfortante para o cérebro deles.

Outra vantagem de delinear o processo que seguirá é que isso aumenta a sensação de certeza dos clientes. O cérebro gosta de tentar prever o que acontecerá. No mundo primitivo de 100 mil anos atrás, a capacidade de prever o que iria acontecer maximizava suas chances de sobrevivência. A certeza é uma experiência gratificante para o cérebro. Por outro lado, a incerteza desperta o sistema límbico de modo negativo. Até você delinear o que vai acontecer e quando, pode haver um grau de tensão ou desconforto por parte dos clientes. Deixá-los confortáveis e seguros a respeito do que acontecerá ajuda a colocá-los num estado mental aberto e receptivo.

Como resultado da maneira pela qual o cérebro opera, e do fato de ser mais provável que seja ativada a reação "afastar-se" da ameaça, precisamos ter foco ativo em aumentar as sensações de conforto, certeza e recompensa ao longo de todo o processo de vendas.

Portanto, de momento, já deveremos ter um cliente que se sente confortável conosco e estará aberto para podermos coletar informações, de modo a conseguirmos ser de máxima ajuda. No Capítulo 10 exploraremos como exatamente fazer isso.

Até você **delinear**
o que vai acontecer e quando,
pode haver um grau de tensão ou
desconforto por parte dos **clientes**.
Deixá-los **confortáveis** e **seguros** a
respeito do **que acontecerá** ajuda a
colocá-los num **estado mental**
aberto e **receptivo**.

CAPÍTULO 10

O PROCESSO DE "NEUROVENDAS" AMIGÁVEL AO CÉREBRO – TERCEIRA FASE: DEFINIR CONTEXTO E CATALISAR

O único fator que diferencia os verdadeiros profissionais de vendas dos profissionais menos capazes é sua capacidade de desenvolver uma compreensão em profundidade da situação e das necessidades de seus clientes. Este capítulo foca em fazer isso num nível avançado e cobre os estágios 5 e 6 do processo de "neurovendas" amigável ao cérebro.

ESTÁGIO 5: CONTEXTUALIZAR E CATALISAR

Esse estágio do processo de vendas trata de ganhar uma compreensão em profundidade dos clientes, do contexto ou das circunstâncias de sua situação, e de suas necessidades, metas, desafios e problemas. Depois que fizer isso você pode então usar o que tiver descoberto como um catalisador para motivar os clientes a realizarem uma ação.

Do mesmo modo que médicos não prescrevem medicação antes de terem diagnosticado os sintomas do paciente, é fundamental diagnosticar os problemas do cliente antes de oferecer qualquer solução. No entanto, com o processo da "neurovendas" amigável ao cérebro estamos fazendo mais do que ganhar compreensão para nós. Estamos ajudando e consultando os clientes de modo que cheguem às próprias conclusões e insights a respeito do que precisam fazer para atender aos seus melhores interesses.

◢ Os quatro tipos de perguntas

Como descrito em meu primeiro livro, *Bare Knuckle Selling* [em tradução livre, "Vendas com Punhos Descobertos"] (Hazeldine, 2011b), em termos gerais há quatro tipos de perguntas que você pode usar numa situação de vendas. São elas:

➤ Fechada [*closed*];

➤ Aberta [*open*];

➤ De sondagem [*probing*];

➤ De resumo [*summarizing*].

Em inglês, elas são lembradas pelo recurso mnemônico COPS [das iniciais].

Perguntas fechadas

Essas são usadas para obter uma resposta específica e verificar fatos. Exemplos:

➤ "Isso foi um sucesso no seu entender?"

➤ "Essa é a área mais importante?"

➤ "Alguém mais precisa aprovar essa compra?"

Perguntas fechadas geralmente têm como resposta um "sim" ou um "não".

Perguntas abertas

Essas são perguntas amplas, diagnósticas, que incentivam os clientes a falar de suas circunstâncias. Perguntas abertas costumam começar com palavras como "o que", "quando", "por que", "como", "onde", "quem" ou "qual" e costumam gerar respostas de várias palavras ou uma frase. Exemplos:

➤ "O que você quer mudar ou melhorar em sua empresa?"

➤ "O que o seu atual fornecedor poderia fazer melhor?"

➤ "Como vocês lidam atualmente com consultas de clientes?"

➤ "Por que decidiu arrumar um novo fornecedor?"

É importante destacar que, embora perguntas abertas costumem resultar em respostas de várias palavras ou de uma frase, e as perguntas fechadas geralmente têm respostas com uma única palavra, isso nem sempre é assim. Às vezes você obtém um "sim" ou "não" de uma boa pergunta aberta e uma resposta longa de uma pergunta fechada!

Embora seja comum orientar profissionais de vendas a fazerem perguntas abertas em vez de fechadas (já que isso ajuda na coleta de informações), tanto perguntas abertas quanto fechadas são importantes e têm seu lugar no processo de vendas. Perguntas abertas são usadas para coletar informações e perguntas fechadas para esclarecer o que você vai descobrindo, obter respostas específicas e fechar compromissos.

Perguntas de sondagem

Essas são usadas para explorar um ponto que um cliente tenha abordado. Elas permitem que você cave mais fundo no que o cliente disse, de modo que possa entender mais detalhadamente. Chama-se isso às vezes de "decupagem" e é um conceito ao qual retornaremos mais tarde. Exemplos incluem:

➤ "Quando você diz que precisa se mover rápido, o que quer dizer com esse 'rápido'?"

➤ "O que leva você a dizer isso?"

➤ "De que maneira então você acha...?"

➤ "Dê-me um exemplo de...?"

➤ "O que você quer dizer com isso?"

➤ "Por que menciona esse aspecto em particular?"

Uma técnica útil de sondagem é usar "perguntas de eco". Uma pergunta de eco é quando você usa a última palavra ou as últimas palavras da fala de seu cliente como uma pergunta de sondagem. Por exemplo, se o cliente diz "Precisamos de um fornecedor que seja confiável", a pergunta de eco é "Confiável?". Nesse exemplo, você está sondando para descobrir como o cliente define "confiável". Se você não faz essa sondagem, pode ter que fazer algumas suposições sobre o que esse "confiável" realmente significa.

É importante "decupar" ou "decodificar" a linguagem que o cliente usa. Isso assegura que você entenda *exatamente* o que ele quer dizer quando diz "confiável", por exemplo.

Seus clientes devem ter critérios para decidir se um fornecedor é confiável. Alguns desses critérios serão conscientes, outros, inconscientes. E tais critérios podem fazer parte dos 95% da cognição humana que são inconscientes. Ao mergulhar mais fundo na linguagem dos clientes e, portanto, em seu pensamento (tanto consciente quanto inconsciente) você ganha uma definição mais exata e precisa dos critérios que eles irão usar para tomar uma decisão.

Fazer perguntas de sondagem sobre os critérios de compra do cliente permite que você em primeiro lugar identifique quais são e num segundo momento identifique quais os prioritários. Entre as perguntas úteis estão:

➤ "O que é importante para vocês?"

➤ "O que você acha mais importante de tudo?"

➤ "Da última vez que tomou uma decisão como essa, como foi que decidiu?"

➤ "Que critérios você usará para tomar sua decisão a respeito de que fornecedor contratará?"

➤ "Dos quatro critérios que você mencionou, qual é o mais importante para você?"

Além de ajudá-lo a entender os critérios dos clientes, isso também permitirá ajudá-los a se tornarem conscientes dos elementos do próprio pensamento – nesse caso, de seus critérios para tomada de decisão –, que antes eram inconscientes. Isso os ajudará a tomar melhores decisões e, como você estava presente quando aconteceu, esse insight muitas vezes será atribuído a você, melhorando sua credibilidade, conexão e relacionamento com o cliente.

Perguntas de resumo

Essas são usadas para fazer uma síntese da conversa que você está tendo com o cliente e confirmar o que foi discutido até aqui. Ajuda a manter a venda nos trilhos e a verificar e esclarecer o que foi entendido. Exemplos: "Bem, se entendi direito, o que você está dizendo é que...?" e "Certo, então estamos de acordo em que...?".

Um método muito elegante de compreender efetivamente o que o cliente quer, precisa e valoriza é combinar perguntas num funil de questionamentos. Você começa com uma informação geral no alto do funil, e usando uma combinação de perguntas abertas, de sondagem e de resumo e de perguntas fechadas chega à informação específica na ponta do funil.

Na parte ampla do funil você faz mais perguntas abertas que incentivem o cliente a contar sobre as circunstâncias deles e do que considera mais importante. Em seguida, usa perguntas de sondagem para cavar mais fundo e ir decupando para coletar mais informações a respeito de áreas específicas. Pode então usar perguntas fechadas para esclarecer certas informações e verificar fatos específicos, e perguntas de resumo para arrematar o processo de questionamento. Você pode usar uma série de funis para coletar todas as informações necessárias para compreender plenamente as necessidades do cliente, seus desejos e critérios.

FIGURA 10.1 O funil de perguntas

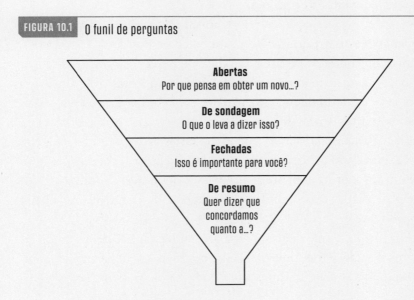

Eu às vezes comparo esse processo de questionamento a juntar as peças de um quebra-cabeça. Imagine que você quer completar um quebra-cabeça, mas não tem uma ideia do quadro geral, da imagem que terá o quebra-cabeça ao ser concluído. Ou seja, só quando tiver juntado todas as peças é que será capaz de ver o quadro completo.

No processo de vendas pode ser perigoso supor que você já sabe qual é essa imagem final, porque isso significa que você vai parar de fazer perguntas! Você precisa construir um quadro fiel e completo das circunstâncias e dos problemas enfrentados pelos clientes antes de poder ter uma noção da solução que é melhor para eles.

◢ Usando perguntas para decupar

Eu mencionei o conceito de decupagem quando descrevi as perguntas de sondagem. É útil pensar nesse conceito de uma maneira mais ampla do que limitada a fazer apenas perguntas de sondagem.

Como o principal objetivo do processo de "neurovendas" amigável ao cérebro é ajudar os clientes a chegarem a uma conclusão a respeito do melhor curso de ação a tomar, quanto mais eles conseguirem ter consciência de seus processos de pensamento inconscientes (incluindo seus mapas neurais), mais serão capazes de tomar uma decisão bem fundamentada em informações.

Você deve estar lembrado do Capítulo 4, quando dissemos que esses "mapas" ou arranjos de neurônios correspondem a "pedaços", conceitos ou modelos inteiros de saber, de percepção ou de conhecimento. Eles constituem estruturas mentais compostas pelas ideias ou padrões organizados de pensamento pré-concebidos de seu cliente. Os mapas existentes de seu cliente podem influenciar e inibir a coleta de novas informações. Portanto, quando clientes tomam uma decisão de compra, eles estão processando a nova aquisição potencial em relação a dados que estão atualmente armazenados dentro do conteúdo de seu modelo de mapas existente. Esse processo se dá em nível consciente e inconsciente.

Uma metáfora que pode ajudar a ilustrar o conceito de juntar pedaços ou de decupar é o de um lago. Pense nos mapas neurais inconscientes como estando abaixo da superfície do lago. Não podem ser vistos ou observados conscientemente pelo cliente, mas exercem uma poderosa influência (inconsciente) na tomada de decisão dele. O cliente tem mais controle de seus pensamentos conscientes, que ocorrem acima da superfície do lago, onde podem ser mais facilmente "vistos". Como mencionado antes, a capacidade de ser ciente do próprio pensamento é conhecida como "metacognição".

O processo de questionamento que vou delinear resumidamente pode ajudar os clientes a se tornarem cientes de seus processos de pensamento e dos mapas ou crenças subjacentes a eles. Você está ajudando-os a perceber e a ganhar maior clareza das circunstâncias e dos desafios que enfrentam para alcançar suas metas.

A fim de promover essa decupagem, fazemos perguntas de sondagem para penetrar mais fundo nos mapas neurais dos clientes, para poder compreender melhor sua composição e estrutura. Para prosseguir com a nossa analogia anterior do quebra-cabeça, com a decupagem você pode juntar peças suficientes do quebra-cabeça para montar a estrutura exterior do problema. Estamos agora cavando para encontrar mais peças do quebra-cabeça para preencher o quadro completo com maior riqueza de detalhes. Estamos na realidade explorando esses mapas junto com os clientes. Falando metaforicamente, estamos extraindo-os da cabeça deles e colocando-os em cima da mesa diante deles, para que possam ter uma melhor visão e compreensão. Perguntas de decupagem incluem:

➤ "O que é especificamente que faz da empresa XYZ um fornecedor tão bom?"

➤ "Como você sabe que isso é realmente assim como está dizendo?"

➤ "Como chegou a essa conclusão?"

➤ "Quais as evidências que você tem para concluir que isso é realmente um problema?"

➤ "O que você obtém de sua experiência passada que o levou a ter essa opinião?"

➤ "Que efeito isso está tendo na sua equipe?"

➤ "O que está acontecendo que acabou gerando um problema?"

Além disso, a decupagem pode ser aplicada para ajudar o cliente a compreender a natureza e a raiz dos problemas que está enfrentando. Exploraremos isso resumidamente.

O outro benefício das perguntas de decupagem é que encorajam os clientes a mudar o foco de processos mais exteriores para processos mais interiorizados, mais voltados para dentro. Perguntas de decupagem são um incentivo para que parem um momento e pensem melhor, para que interiorizem e reflitam. Isso costuma ajudar os clientes a ter insights a respeito da natureza e das possíveis soluções para os desafios que enfrentam. São às vezes referidos como momentos "Aha!".

Da perspectiva das vendas, um insight com frequência leva o cliente a superar uma suposição existente, ou então, pelo fato de um ou mais de seus mapas neurais ter sido trazido à superfície e exposto à luz do sol, que uma solução melhor apareça. Num programa de televisão (da BBC, em 2013) isso foi descrito pela doutora Simone Ritter, da Universidade Radboud Nijmegen, como uma "violação do esquema", isto é, quando um padrão normal de pensamento ou comportamento sofre disrupção. Caminhos neurais bem percorridos são então abandonados, forçando novas conexões entre as células cerebrais.

Quando os clientes têm um momento de insight, eles, de maneira bem literal, passam a pensar de outro jeito. Quando essa centelha criativa acontece, uma parte do cérebro chamada giro temporal anterior superior é ativada (temos um giro temporal anterior superior de cada lado do cérebro, mas, fato interessante, é o do lado direito do cérebro que é ativado em momentos de insight), e irrompe dessa área um fluxo das chamadas ondas cerebrais gama.

Experimentamos diariamente muitos estados de consciência diferentes. A atividade de ondas cerebrais em cada um desses estados de consciência tem um padrão único que pode ser medido. As ondas cerebrais mudam de frequência com base na atividade neural do cérebro. Ondas cerebrais são ondas eletromagnéticas produzidas pela atividade elétrica e química do cérebro. Podem ser medidas com um equipamento eletrônico sensível, o eletroencefalograma. Frequências de ondas cerebrais são medidas em ciclos por segundo, ou hertz, e se dividem em faixas relativamente amplas:

> **Gama (25 a 100 hertz):** embora a faixa gama seja ampla, a frequência típica é de 40 hertz. As ondas gama foram descobertas mais recentemente do que alguns outros estados de ondas cerebrais. Embora se saiba menos a respeito desse estado mental, a pesquisa parece mostrar, como foi descrito acima, que as ondas gama estão associadas ao insight e ao processamento de alto nível de informações.

> **Beta (13 a 30 hertz):** ondas beta são mais comumente associadas a estados normais de consciência de total vigília e a um estado intensificado de alerta, lógica e raciocínio crítico. Ondas betas aumentam durante épocas de estresse, permitindo-nos lidar com situações e resolver problemas.

> **Alfa (7 a 13 hertz):** ondas alfa estão presentes quando as pessoas estão mais relaxadas, quando devaneiam ou durante uma meditação leve. Indicam um estado de alerta com uma mente tranquila. Descobriu-se que há mais ondas alfa nos padrões de ondas cerebrais de pessoas que praticam atividades como meditação, ioga e tai chi.

> **Teta (3 a 7 hertz):** ondas teta estão presentes durante o sono leve, incluindo o estado de sonho REM e durante a meditação profunda.

> **Delta (0,1 a 3 hertz):** ondas delta são associadas aos níveis mais profundos de relaxamento físico. São as frequências de ondas cerebrais mais lentas, próprias do sono sem sonhos.

Os neurocientistas sabem agora que um momento antes da erupção de ondas cerebrais gama do giro temporal anterior superior ocorre um surto de atividade de ondas alfa no córtex visual na parte posterior do lado direito do cérebro. Isso parece "desligar" momentaneamente o córtex visual, permitindo que a ideia suba como uma bolha à superfície da consciência. Você já pode ter observado que, às vezes, quando uma pessoa está pensando em algum problema difícil, ela fecha os olhos para ajudar a se concentrar. Esse surto de atividade de ondas cerebrais alfa é como se o cérebro "piscasse" para ajudar a ideia a emergir à consciência. Portanto, quando você faz perguntas para encorajar os clientes a decuparem ou a se interiorizarem, dê tempo para que eles façam isso. Evite interrompê-los falando enquanto estão pensando. Leve em conta que eles podem olhar para baixo ou afastar o olhar de você e que os olhos deles podem ficar vidrados ou mesmo fechados enquanto processam sua pergunta. Permita que isso aconteça.

Quando clientes experimentam um momento de insight (o momento "Aha!"), isso dispara uma liberação de dopamina e adrenalina, que cria um pico de energia e motivação. O efeito combinado de dopamina e adrenalina explica por que Arquimedes, quando experimentou seu célebre momento "Eureka!", segundo se diz, saltou de sua banheira e correu nu pela rua!

Quando o momento de insight ocorre você deve aproveitar essa liberação de energia e canalizar os clientes para que façam alguma ação a partir desse insight. Você nunca terá uma hora melhor para obter a concordância deles em partir para ação!

Além disso, o cérebro rapidamente associa uma coisa à outra e relembra particularmente eventos de intensa emoção. Uma vantagem é que o cérebro do cliente irá associar ou ancorar o insight em você e, pela intensidade, esse momento será mais memorável. Isso o ajuda a se posicionar como um conselheiro perspicaz junto ao cliente!

Experimentei um momento como esse recentemente quando estava sendo *coach* individual de um diretor de vendas de uma grande empresa de TI. Ele tinha ambições de se tornar diretor administrativo, mas vivia um problema de relacionamento com um de seus pares no grupo da alta liderança. Enquanto explorávamos o problema, ele de repente empacou, sem saber o que fazer em seguida. Olhou para mim e estava claramente sem saber como sair da situação em que havia se metido. Estava, digamos, andando em círculos por um caminho neural já muito percorrido. Decidi então fazer uma pergunta provocativa e direcionada para ver se conseguia destravar seu pensamento: "Será que não é hora de vocês dois simplesmente sentarem e conversarem a respeito do que não está sendo dito e que deveria ser dito?". Ele então interrompeu o contato visual comigo, seus olhos ficaram vidrados e ele "foi para dentro". Permaneci em silêncio e deixei-o processar. Depois de um minuto, mais ou menos, ele de repente se aprumou na cadeira, o rosto iluminado, os olhos bem abertos, apontou para mim e disse: "Sei exatamente o que vou dizer a ele! Sim, é isso! Você é um gênio!". Então ensaiamos o que ele precisava dizer e como se expressar, e a sessão de *coaching* foi encerrada. Na próxima vez que nos encontramos, ele, muito empolgado, relatou a conversa que tivera com seu colega e como o relacionamento havia melhorado.

Como eu alcançara (pelo menos, aos olhos dele) um status de gênio (e o fato triste é que ele é a única pessoa que eu saiba que tem esse alto conceito a meu respeito!), ele prontamente concordou em agendar mais sessões de *coaching*. Tenho o prazer de informar que ele foi bem-sucedido em ser promovido a diretor administrativo e maior prazer ainda em confidenciar que se tornou um cliente muito lucrativo! O lampejo de insight foi inteiramente dele e só dele; eu simplesmente tive algum papel em ajudar a desencadeá-lo. Mas me beneficiei do fato de ter ocorrido e ter sido atribuído a mim.

Vamos agora explorar um modelo de questionamento que podemos usar para nos ajudar a entender o contexto do cliente e contribuir para que tenha insights valiosos nas ações que ele precisa realizar para resolver seus problemas, superar seus desafios e alcançar suas metas.

◢ O mapa de perguntas da neurovenda

Como vimos no Capítulo 4, um princípio fundamental de organização e operação do seu cérebro, e que move seu pensamento, comportamento e ação, é evitar e se afastar de qualquer coisa percebida como dolorosa, perigosa ou ameaçadora, e ir em busca do que for prazeroso, reconfortante e gratificante. O "mapa de perguntas da neurovenda" é orientado e projetado em torno desse conceito. Ele proporciona uma maneira estruturada de questionar os clientes, ajudá-los a se tornarem conscientes dos desafios e oportunidades que enfrentam e propicia também uma força dual de motivação para "afastar-se da dor" e de motivação para "buscar recompensa", que irá ajudá-lo a fechar a venda.

FIGURA 10.2 Mapa de perguntas da neurovenda

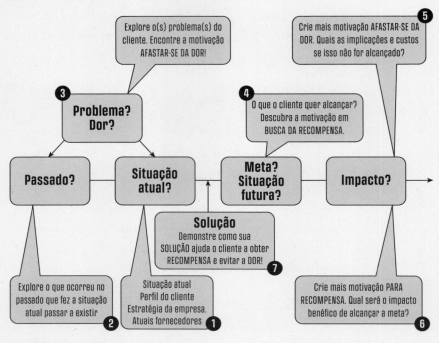

Fonte: Simon Hazeldine 2013

◢ 1. Situação atual

Em que pé o cliente está no momento? Questione o cliente para obter uma compreensão plena da situação atual. Agregando dados à pesquisa pré-reunião que você já realizou, questione mais em que pé o cliente está no momento. Ao vender a empresas você pode querer questionar os clientes a respeito do mercado em que operam, seus concorrentes, o perfil, as estratégias e o que eles esperam alcançar no futuro, as iniciativas e projetos em andamento, como eles veem as mudanças no negócio deles e assim por diante. O objetivo desse estágio é desenvolver uma compreensão profunda do negócio deles.

Se você vende a consumidores, pode levar adiante uma versão compacta disso para entender a situação pessoal e familiar deles.

2. Passado

De onde eles vêm? É útil compreender as circunstâncias prévias dos clientes, especialmente se o que ocorreu no passado tiver contribuído para a – ou tiver sido a causa da – atual situação. Por exemplo, se eles estão tendo dificuldades porque a atual infraestrutura de TI é inadequada, então será útil compreender, por exemplo, que uma parte do problema foi uma fusão com outra empresa realizada há três anos.

Pode ser útil também compreender o histórico pessoal ou de carreira do cliente como uma maneira de aprimorar o *rapport* com ele e desenvolver uma compreensão mais profunda de sua experiência (que pode moldar a abordagem de compra dele) e identificar fatores que possam afetar os critérios que usará para tomar a decisão de compra.

3. Problema ou dor

Em que ponto sentem a dor? Que problemas e desafios os clientes enfrentam? O que não está funcionando como deveria? Que oportunidades estão sendo perdidas? Quem ou o que não vem tendo desempenho no padrão exigido? Que frustrações esses clientes têm? É importante também fazer perguntas para começar a tornar os clientes cientes do quanto isso está custando para eles. Isso inclui:

> **Custo financeiro:** quanto o problema atual está custando? Toda empresa tem interesse em reduzir custos como uma maneira de conseguir ter mais lucro. Onde os clientes estão desperdiçando dinheiro? Onde estão perdendo dinheiro? Onde estão perdendo oportunidades de ganhar um dinheiro a mais?

> **Custo estratégico:** de que modo o problema está impactando as metas estratégicas do cliente? Por exemplo, se eles querem expandir o negócio, de que modo o problema está sendo um obstáculo a isso?

> **Custo pessoal e emociona:** que impacto o problema está tendo nos clientes? Está fazendo com que eles ou seus funcionários fiquem com raiva e frustrados? Levando-os a desperdiçar tempo?

Os clientes ou seus funcionários estão tendo que estender o expediente por causa do problema? Ele torna a vida deles mais complicada e desafiadora?

O objetivo do questionamento é tornar o cliente plenamente consciente do impacto doloroso que o problema está tendo. Seu objetivo é maximizar a dor que o cliente está experimentando. Isso proporcionará o máximo de motivação para "afastar-se da dor", para que o cliente busque de fato evitar o problema.

Quando explico esse conceito em minhas apresentações ou durante trabalhos de consultoria, às vezes as pessoas me dizem que isso parece um pouco antiético ou manipulador. Minha resposta é que isso é tornar o cliente consciente do impacto real e do custo do problema. Você está ampliando a consciência do cliente em relação ao custo do(s) problema(s) que ele enfrenta. Às vezes as pessoas precisam ser confrontadas com a verdade nua e crua e a dura realidade de sua situação, para que fiquem mais motivadas a agir. Se o problema está causando dor e, pelo fato de você torná-las mais conscientes do impacto do problema, elas acabam tendo uma ação que de outro modo não levariam adiante, e isso remove a dor e traz um resultado positivo, então acredito que você prestou um bom serviço a elas. Você as ajudou a tomar uma decisão que se mostrou benéfica. Se você precisa "esfregar o nariz delas" na realidade de seu problema para motivá-las a ter uma ação positiva, que melhore as circunstâncias, então avalio que isso é plenamente ético.

Para ajudar a sintonizar seu cérebro de modo a identificar os problemas potenciais e dores de seu cliente, um exercício interessante é fazer um *brainstorming* de todos os possíveis problemas e desafios que seus clientes podem experimentar. Você se apoia no conhecimento que já tem e então se desafia a listar o maior número que conseguir. Conforme ampliar essa lista ao longo do tempo, ela se tornará um recurso valioso. Você pode usá-la para adicioná-la aos problemas que o cliente relata. Pode perguntar se, assim como ocorre com outras empresas no setor ou na situação de seu cliente, ele experimenta um daqueles problemas. Isso pode ser colocado da seguinte forma: "Senhor Cliente, várias empresas que operam no seu setor/área têm me relatado que experimentam o problema X. Ele também afeta sua empresa?".

Em primeiro lugar, isso ajuda a construir sua reputação como alguém bem informado, uma autoridade com conhecimento do setor em questão, e em segundo lugar pode destacar outros problemas que aumentam a dor do cliente, para os quais você pode também vender soluções.

Não é recomendável fazer suposições a respeito do que o cliente pode estar experimentando, ou, na realidade, fazer quaisquer suposições ao vender. Em vez de supor, pergunte. No entanto, prever problemas prováveis ou potenciais também pode ajudá-lo a ficar bem preparado para discuti-los e aumentar sua capacidade de prover uma solução junto ao seu cliente.

Por exemplo, uma das minhas áreas de especialização é transformar o desempenho das forças de vendas de meu cliente. Como já fui consultor de diferentes clientes, constato que muitos deles enfrentam problemas similares quanto ao desempenho de sua força de vendas. Eis alguns exemplos que estão na minha "lista de dores", e espero que inspirem você a produzir a própria lista para os setores ou áreas nos quais atua. Fazem parte da minha "lista de dores":

➤ Os compradores estão mais cautelosos em gastar e adiam a realização de pedidos;

➤ Demandas dos compradores, que querem mais por menos;

➤ Vendas empacam ou não andam pelo funil de vendas;

➤ Margens de lucro estão sob pressão e se reduzem em razão de maior competitividade e de práticas de aquisição mais agressivas;

➤ Muitas das tradicionais chamadas telefônicas não solicitadas mostram-se improdutivas, ou cada vez menos efetivas;

➤ Conseguir tempo cara a cara com as pessoas que de fato tomam decisões;

➤ Índices baixos de penetração na esfera do cliente, especialmente no nível da alta administração;

- Profissionais de vendas falham em identificar a unidade de tomada de decisão do cliente;

- Encontrar novos clientes;

- Agendar encontros com novos clientes;

- Mudar de um estilo transacional para um estilo consultivo ou de venda de soluções;

- Número muito alto de profissionais de vendas com desempenho abaixo das expectativas;

- Dificuldade para recrutar e manter profissionais de vendas eficazes;

- Profissionais de vendas com dificuldades para equilibrar esforço e foco;

- Propostas pouco atraentes para cumprir cotas;

- Dificuldade para manter os clientes existentes em razão de uma concorrência agressiva;

- Gerentes de vendas não dedicam tempo suficiente (ou não têm competência) para treinar melhor seus profissionais de vendas;

- Incapacidade de se diferenciar da concorrência;

- Aumento no custo das vendas.

Ui! Espero que você tenha sentido a dor! Minha lista de dores me permite prever os prováveis problemas e dores que meus clientes podem estar experimentando. Quando é o caso, já estou antecipadamente preparado para poder discutir a respeito e oferecer algumas possíveis soluções. E também me permite fazer perguntas sobre áreas comuns de dores, para ver se o cliente com quem estou conversando está experimentando esses desafios também. Muitas vezes, fazer essas perguntas revela problemas adicionais que meu cliente tem e que eu posso ajudar a resolver.

Para tudo o que descrevi acima tenho maneiras de enfatizar e multiplicar a dor (o que será coberto em detalhes logo adiante neste capítulo), e já tenho planejado de antemão discutir soluções testadas e aprovadas para ajudar os clientes com esses problemas. Cada cliente tem um conjunto único de problemas e desafios, e por isso eu não ofereço uma solução tirada da prateleira ou do tipo "tamanho único". Mas meus clientes costumam ter temas ou problemas similares, e prevê-los significa que planejei bem e estou preparado para discuti-los e demonstrar como tenho ajudado outros clientes a superar cada um deles. Aconselho que você faça o mesmo.

Certificar-se de que seus clientes têm clareza quanto às dores que estão experimentando dá uma boa motivação de "afastar-se da dor" para o cérebro deles.

4. Meta (situação futura)

O que os clientes querem alcançar? Faça perguntas para descobrir qual é o resultado que eles desejam obter. Pergunte como seria o cenário de uma solução bem-sucedida e que benefícios isso traria a eles. Lembre-se de que nem sempre eles podem ser capazes de articular isso muito bem e que, ao ajudá-los a esclarecer o que querem conseguir, você mais uma vez terá prestado um bom serviço e terá sido útil a eles.

Muitas pessoas em seu negócio e vida pessoal podem se sentir sobrecarregadas pela natureza e complexidade dos problemas e desafios que enfrentam.

Um profissional de vendas que trabalhe com clientes no sentido de obter clareza a respeito de qual seria uma meta ou resultado positivo, e que crie uma visão de uma realidade que os direcione a uma possibilidade nova e inspiradora, pode ser alguém que agrega muito valor. Quanto mais valor você agrega, mais valor os clientes perceberão que você e seus produtos e serviços têm a oferecer, e mais alto será o preço que estarão dispostos a pagar por eles.

Além disso, ser útil ao cliente dispara o princípio da reciprocidade. A pesquisa do doutor Robert Cialdini mostra que esse é um poderoso princípio de influência. Em seu livro *Influence* (1993), Cialdini afirma que "uma das normas mais disseminadas e básicas da cultura humana está incorporada na regra de reciprocidade. Essa regra requer que uma pessoa tente retribuir, em espécie, o que outra pessoa lhe tiver dado".

A reciprocidade é um poderoso princípio de persuasão, e se você traz valor aos clientes por meio de seu processo de vendas, ajudando-os a ter maior clareza quanto ao que poderia ser mais útil a eles, então pode muito bem disparar uma reação de reciprocidade e conseguir que eles fechem negócio com você.

Certificar-se de que seus clientes têm clareza em relação a como seria uma meta benéfica fornece uma forte motivação "de busca da recompensa" para o cérebro deles.

◢ 5. Impacto - "Afastar-se da dor"

Até aqui buscamos ter certeza de estar compreendendo a situação dos clientes, seu histórico e o que os levou à atual situação. Exploramos os problemas que estão experimentando e a dor que eles estão causando, e determinamos uma meta ou a futura situação em que o problema estaria resolvido.

Começamos a desenvolver as forças duais ("afastar-se da dor", "buscar recompensa") que motivam o cérebro do cliente a superar a inércia e o *status quo* e partir para a ação. No entanto, estamos agora partindo para intensificar o impacto da motivação dual. Para acrescentar mais motivação "afastar-se da dor", você agora precisa fazer aos clientes uma série de perguntas para fazê-los considerar o possível impacto negativo em seu negócio ou nas suas circunstâncias pessoais de não agirem para resolver os problemas que enfrentam. Precisamos fazê-los refletir e considerar o impacto e os custos associados a isso. No passo 3, começamos a mexer nas dores financeira, estratégica, pessoal e emocional. No passo 5, devemos aumentar a percepção dos clientes sobre a dor que irão experimentar se não fizerem nada.

Às vezes um dos concorrentes mais fortes que você terá que enfrentar é o fato de os clientes decidirem não fazer nada, simplesmente cruzarem os braços e adiar. Eles só farão isso se a dor que sentem não for forte o suficiente ou se a recompensa que poderiam receber não se mostrar suficientemente atraente. Portanto, garanta que isso não aconteça!

Faça perguntas para ajudar seus clientes a compreenderem todas as implicações de não agirem. Quais serão os custos, particularmente os custos financeiros, de não agir? O que acontecerá se as atuais circunstâncias se mantiverem? Pode ser útil fazê-los avaliar as consequências a curto, médio e longo prazo do problema, para motivá-los a realizar alguma ação. É importante monetizar a dor para que você dê maior clareza aos clientes sobre o quanto o problema está custando a eles. Seus clientes precisam ver e sentir isso.

Há pouco tempo prestei consultoria a uma empresa que vendia soluções unificadas de comunicações a pequenas e médias empresas. A solução que eles fornecem significa basicamente que, toda vez que um cliente liga para um dos telefones da empresa (fixo ou celular), o sistema automaticamente roteia a chamada para alguém que possa atendê-la. Isso proporciona um bom nível de serviço de atendimento ao cliente – é preferível à situação em que o cliente é obrigado a deixar uma mensagem. Se os clientes não têm sua chamada atendida, é provável que liguem para um concorrente, e que o negócio seja perdido.

Alguns dos clientes-alvo para esse produto eram empresas de prestadores de serviços, como encanadores e eletricistas. Como parte de meu trabalho de consultoria, passei um tempo em atividade de campo junto à força de vendas da empresa, tendo contato com clientes típicos, a fim de poder entender os problemas e desafios que enfrentavam. Ficou claro que a maioria das solicitações de novos serviços para essas empresas vinha de pessoas que obtinham o telefone do encanador ou do eletricista de um anúncio num jornal local, ou que viam o número de telefone na lateral da van do encanador ou eletricista, ou recebiam indicação de um amigo ou colega. O novo cliente potencial então ligava para o número e o encanador ou eletricista anotava os detalhes, visitava a casa ou escritório do potencial cliente e fazia um orçamento. Quanto mais chamadas eram recebidas, mais orçamentos eram enviados, e quanto mais orçamentos eram enviados, mais trabalho era obtido.

Entrevistei vários encanadores e eletricistas a respeito de seus problemas e desafios, e um tema constante era que não conseguiam atender prontamente as chamadas. Eles contaram que, se não conseguissem responder prontamente, muitas vezes perdiam a chance de enviar um orçamento, e acabavam perdendo uma oportunidade. Tendo essa informação, desenvolvi um método para que os encanadores e eletricistas tivessem ciência do impacto desse problema. Com os dados das entrevistas desenvolvi o seguinte modelo, usando cifras conservadoras:

➤ 10 chamadas perdidas por semana;

➤ Média da proporção entre chamada e orçamento: 10 chamadas geravam cinco orçamentos;

➤ Média de trabalhos realizados por orçamentos expedidos: dois trabalhos realizados para cada cinco orçamentos;

➤ Valor médio dos trabalhos: 750 libras;

➤ 750 libras × 2 trabalhos por semana × 52 semanas por ano = 78 mil libras em trabalhos perdidos.

Nossa! 78 mil libras é uma perda de receita significativa para a maioria das empresas pequenas e médias. Você conseguirá criar seus próprios exemplos usando uma estrutura similar a essa.

Você pode também maximizar a dor estratégica ou pessoal ou emocional. Quais são as consequências a curto, médio e longo prazo se os clientes não conseguirem cumprir a estratégia pretendida? Quais são as implicações pessoais ou emocionais a curto, médio e longo prazo? O quanto é sustentável para um cliente esperar que seus funcionários tolerem as frustrações que experimentam por seu sistema de TI ser ultrapassado? Se os funcionários decidirem arrumar outro emprego em razão das frustrações que sentem, qual será o custo dessa disrupção? Quanto tempo o cliente vai levar para substituir esse funcionário? Quanto vai custar para o cliente encontrar e treinar o novo funcionário?

Cutuque a dor! Se os clientes achavam que tinham uma dor de cabeça, garanta que agora percebam que estão com uma forte enxaqueca! Dê ao cérebro deles uma poderosa motivação para "afastar-se da dor".

6. Impacto - "Buscar recompensa"

Você também precisa acrescentar uma quantidade correspondente de motivação de "buscar recompensa" para o cérebro do cliente. Do mesmo modo que extrapolou o impacto de curto, médio e longo prazo da dor, faça agora o mesmo mostrando aos clientes os benefícios que podem esperar receber. Isso pode ser tão simples quanto inverter o impacto da perda ou da dor.

Voltando ao exemplo anterior da perda de receita, se o pequeno negócio em questão fatura mais de 300 mil libras, mas consegue assegurar os negócios em vez de perdê-los, terá um aumento de 26% na receita, além de um aumento correspondente no lucro.

Como você já perguntou ao cliente quais são suas circunstâncias atuais e o que ele espera conseguir, pode acrescentar esse aumento de receita às conquistas da empresa ou às metas pessoais, o que lhe permitiria, por exemplo, saldar um empréstimo que a empresa tenha feito, recrutar um membro a mais para a equipe (com o objetivo de gerar mais receita), pagar uma hipoteca, comprar um carro novo, sair de férias a um destino luxuoso e assim por diante. Dê ao cérebro do cliente uma motivação muito poderosa de "buscar recompensa".

Demonstrar e enfatizar a recompensa desse modo também ajudará a melhorar o processo de vendas quando você for discutir o preço de seus produtos ou serviços. No exemplo acima, o custo de comprar a solução de comunicações unificadas em bases mensais soa quase irrisório diante do aumento da receita que ele é capaz de gerar para o cliente. Isso torna a decisão de compra uma alternativa óbvia!

As quatro cores das perguntas

Nos Capítulos 6 e 7 vimos como adaptar seu comportamento de vendas de modo que se ajuste melhor ao comportamento do cliente. Como parte do processo de adaptar e de estimular o desejo dentro de cada cérebro do cliente é útil adaptar também o estilo e o tipo de perguntas que você faz a cada cor de cliente. As perguntas a seguir foram concebidas para se mostrarem atraentes e estimulantes a cada uma das quatro cores de clientes discutidas nos Capítulos 6 e 7.

Cliente Verde

O cliente Verde reagirá particularmente bem a perguntas que envolvam o futuro, cenários futuros, experimentação, inovação, novidades, ideias insólitas, criação, possibilidades, liderar o caminho, popularidade pessoal e assim por diante. Exemplos:

➤ "Ao olhar para o futuro, que possibilidades você vê?"

➤ "Que novas soluções você estaria interessado em experimentar?"

➤ "Em que áreas ou de que maneiras você gostaria de inovar?"

➤ "Tem pensado em como poderia criar uma solução para esse problema?"

➤ "Como acha que seus clientes irão reagir se o perceberem como um líder de pensamento em seu setor?"

Cliente Azul

O cliente Azul reagirá particularmente bem a perguntas envolvendo sentimentos, estabilidade, certeza, trabalho em equipe, pessoas, relacionamentos e comunicação. Exemplos:

➤ "Que vantagens você acha que seu pessoal iria apreciar mais?"

➤ "Quais são suas sensações a respeito da melhor maneira de introduzir esse produto na sua linha de modo que seja administrável?"

➤ "Então o que precisamos fazer para maximizar a certeza das pessoas a respeito disso?"

➤ "O que você mais gostaria de fazer para melhorar o trabalho em equipe e a comunicação em apoio a essa solução?"

➤ "Que impactos positivos você gostaria de ver em relação aos seus relacionamentos com...?"

Cliente Vermelho

O cliente Vermelho reagirá particularmente bem a perguntas que envolvam forma, tarefa, resultados, metas, independência e velocidade. Exemplos:

➤ "Das metas que você menciona, qual quer alcançar primeiro?"

➤ "Consegue dizer que passos são necessários para que isso seja feito?"

➤ "Com que rapidez você quer uma solução para esse obstáculo?"

➤ "Você acha importante estar no controle disso?"

➤ "Que resultados quer alcançar e em que prazos?"

Cliente Ouro

O cliente Ouro reagirá particularmente bem a perguntas que envolvam fatos, lógica, pensamento racional, qualidade, padrões e detalhes. Exemplos:

➤ "Com que especificidade você encara isso como um problema?"

➤ "Que fatos você reuniu até o momento?"

➤ "Que impacto isso vem tendo nos padrões e na qualidade?"

➤ "Quando você analisa os dados, o que eles lhe dizem?"

➤ "Se analisarmos onde você está em relação ao nível em que precisaria estar, qual a dimensão dessa lacuna?"

Adaptar suas perguntas dessa maneira significa que suas perguntas serão recebidas com um grau mais elevado de conforto e interesse, já que serão o tipo de perguntas que esse cliente em particular preferiria que fossem feitas!

◢ 7. Posicionamento da solução

Seus clientes irão agir se o cérebro deles acreditar que a recompensa obtida excede a "dor" de pagar o que irá custar, ou a dor que experimentariam por não realizar nenhuma ação. Se a recompensa excede de longe o custo, a decisão de compra fica confortável e fácil para o cérebro do cliente.

O Passo 7 é quando você faz perguntas de resumo, recapitulando os seis passos anteriores, para checar se seu entendimento bate com o entendimento do cliente:

➤ Em que pé o cliente está agora – a situação atual;

➤ Quaisquer influências passadas que estejam tendo impacto no cliente;

➤ Os problemas que o cliente está experimentando;

➤ As metas ou resultados positivos que o cliente espera alcançar;

➤ Enfatizar o impacto de não resolver o problema;

➤ Enfatizar os benefícios de resolver o problema.

Além do exposto, antes que possa avançar mais com confiança com a venda, você precisa também fazer perguntas para se certificar de ter clareza quanto ao processo de tomada de decisão do cliente e as pessoas que estarão envolvidas. Qual é a pessoa que tem autoridade final para tomar a decisão de dar o sinal verde? Você também precisará saber se o cliente tem o dinheiro ou viabilidade orçamentária para gastar com você. E quem é a pessoa que tem autoridade para autorizar gastar o dinheiro?

Esse processo é às vezes referido como de qualificação. A fim de qualificar que a oportunidade é válida e interessante para você investir mais tempo nela, você precisa entender: 1) dinheiro – se o cliente tem o orçamento disponível para realizar a compra; e 2) autoridade – se você tem contato com ou acesso às pessoas centrais envolvidas na tomada de decisão.

Você está falando com o porteiro ou com o patrão? Eu prefiro uma abordagem ousada, de fazer perguntas diretas, do tipo: "Senhor Cliente, você tem orçamento reservado para resolver esse problema?", ou "Senhor Cliente, tem uma previsão de orçamento para gastar com isso?". Se a resposta for "sim", então você pode perguntar: "Poderia compartilhar esse valor comigo?".

Às vezes os clientes respondem que não podem ou não desejam compartilhar dados do orçamento. Nesse caso, diga: "Tudo bem, eu entendo que seja assim" e, então, faça mais uma tentativa de descobrir o orçamento perguntando: "Poderia ao menos revelar uma faixa de valores?", "Poderia me dar um valor aproximado?" ou "Poderia me dar alguma ideia da faixa de preço na qual deveríamos ajustar essa solução?". A partir disso, você pode agregar: "Senhor Cliente, temos soluções para esse tipo de problema que estivemos discutindo que variam de 5 mil a 25 mil [qualquer que seja a faixa de preço na qual você trabalhe]. A razão pela qual pergunto isso é que podemos resolver a maioria dos problemas desse tipo, mas alguns exigem 5 mil para resolver; e outros, 25 mil. Entendo seu desejo de confidencialidade, mas, pergunto, devo pensar em uma solução de 5 mil ou de 25 mil?". Isso geralmente leva o cliente a revelar qual é o valor que se dispõe a gastar, ou pelo menos a fornecer um "palpite" que nos dê uma orientação geral.

Se a resposta ainda for "não", então você pode retrucar: "Bem, não é incomum que aconteça isso. Como você planeja levar isso adiante?". Essa abordagem ousada tem o intuito de extrair do cliente se ele realmente está levando a sério o movimento de fazer as coisas avançarem ou se está apenas buscando obter algumas ideias ou ajuda de graça! Nesse caso, você terá que decidir quanto mais de tempo e esforço está disposto a investir. Talvez seja mais proveitoso investir seu tempo numa oportunidade qualificada de modo mais adequado.

Clientes podem também responder propositalmente com um valor menor. Costuma ser uma tática de negociação – a expectativa é que "ancorando" o preço inicial num valor baixo seja possível conseguir um preço mais barato. Vamos tratar do assunto todo da "neuronegociação" no Capítulo 15, mas de momento uma réplica a isso seria: "Hmm. Talvez isso constitua de certo modo um problema. Acho difícil que sejamos capazes de oferecer algo de primeira classe a partir disso. Eu teria que excluir algumas coisas de nossa solução usual para poder chegar mais perto do seu orçamento". Isso comunica que você tem confiança em seus produtos ou serviços e que a única maneira que terá de chegar ao orçamento de seu cliente é ajustando seu produto ou serviço de alguma maneira.

Pesquisa realizada com pessoas que adquiriram um carro e haviam declarado que o preço era "caro demais" mostra que acabavam pagando um preço mais alto quando eram primeiro informadas do preço total e em seguida se sugeria que fossem abrindo mão de itens opcionais, para reduzir os custos, do que quando eram informadas primeiro do preço base do carro e depois se pedia que escolhessem os opcionais que queriam acrescentar – o que fazia o preço aumentar a cada opção adicionada. Apresentar primeiro a atraente versão "luxo" oferece algo desejável ao instinto cerebral que "busca a recompensa", e faz querer avançar. Além disso, em razão do arraigado instinto "afaste-se da dor", o cérebro primitivo tem muito bem assentado o medo de perder. Ele é desencadeado quando você descreve que irá podar a solução para que caiba no orçamento do cliente.

A essa altura seu processo de questionamento já terá estabelecido no cérebro do cliente uma combinação muito poderosa dos impulsos de "afastar-se da dor" e de "buscar a recompensa". Na realidade, você verá como o "mapa de perguntas da neurovenda" faz o cérebro do cliente oscilar várias vezes entre a motivação "afastar-se da dor" e a motivação "buscar recompensa":

➤ Passo 3: motivação "afastar-se da dor";

➤ Passo 4: motivação "buscar recompensa";

➤ Passo 5: motivação "afastar-se da dor";

➤ Passo 6: motivação "buscar recompensa";

➤ Passo 7: motivação "afastar-se da dor", motivação "buscar recompensa", motivação "afastar-se da dor" e motivação "buscar recompensa".

Isso é feito propositalmente para fazer o cérebro do cliente oscilar entre esses poderosos fatores de motivação e criar uma força poderosa de propulsão interna que moverá o cérebro do cliente a empreender uma ação positiva.

Esteja ciente de que a reação de ameaça "afaste-se da dor" remove recursos de oxigênio e glicose do córtex pré-frontal, o que dificulta para o cliente considerar novos conceitos e opções. Por isso, assegure que antes de passar ao seu discurso de vendas você tenha saturado o cérebro do cliente com mensagens do tipo "buscar recompensa" – isto é, com os resultados (dinheiro, emoção, tempo extra) que o cliente obterá.

Por isso é que você verá o processo terminar com "em busca da recompensa". Queremos clientes motivados por uma disposição positiva, de curiosidade, receptiva, para que quando finalmente passarmos a vender nossa solução seu cérebro esteja no melhor estado para acolhê-la. Podemos fazer isso usando um conceito chamado "*priming*".

Priming

Pesquisas mostram que palavras que você ouviu recentemente ou coisas que acabou de ver são mais relembradas e inconscientemente influenciam seu cérebro – e, portanto, seu pensamento e comportamento (Bargh, Chen e Burrows, 1996; Dijksterhuis *et al.*, 1998; Macrae e Johnston, 1998). Assim, antes de apresentar seu produto ou serviço, "prepare" o cérebro do cliente falando dos aspectos positivos que são mais importantes para ele e dos resultados pretendidos. Por exemplo, "Bem, você está procurando um fornecedor confiável e experiente, com um histórico de entregar resultados, com o qual você possa formar uma parceria de longo prazo e produtiva". Com isso, o cérebro do cliente está agora "preparado" positivamente e portanto mais receptivo à sua apresentação de vendas – por meio, neste exemplo, do uso de palavras preparatórias como "confiável", "experiente", "histórico de entregar resultados" e "parceria de longo prazo e produtiva".

Até aqui no processo de vendas você não mencionou ou discutiu sua solução. A essa altura, você já contou aos clientes o que eles podem esperar, mas não disse como. Eles devem agora estar curiosos a respeito de como isso pode ser conseguido. Quando o cérebro está curioso ele fica altamente receptivo. Ele quer saber qual é a resposta.

Você pode agora fazer alguma alusão à sua solução, mas não deve oferecê-la ainda. Diga: "Bem, Senhor Cliente, acredito ter uma solução para os problemas que discutimos e uma solução que entregará os resultados que está procurando".

A curiosidade é um dos estados mais poderosos que você pode induzir no cérebro de um cliente. Você já sabe o quanto é usada para prender a atenção em filmes e programas de televisão que terminam "em suspense", deixando todos curiosos sobre o que acontecerá (o que só é mostrado no episódio seguinte, para que você continue assistindo ao programa), ou num filme, quando se explora a curiosidade de saber qual dos personagens é o verdadeiro assassino. Esses recursos de estimular a curiosidade são utilizados porque são incrivelmente poderosos! Portanto, certifique-se de despertar uma forte sensação de curiosidade ao longo de todo o seu processo de vendas (mais a respeito disso no Capítulo 11) – o cérebro de seu cliente não conseguirá resistir a isso!

ESTÁGIO 6: VERIFICAR

Esse estágio do processo de vendas consiste numa rápida lista de verificação mental do que você precisa fazer antes de passar ao Estágio 7: convencer. A lista serve para você se certificar de que cobriu tudo que precisava cobrir e que reuniu as informações cruciais antes de passar para o seu discurso de vendas. O recurso de memória DCADP pode ajudá-lo a lembrar da lista:

➤ **Dinheiro:** você está por dentro do orçamento do cliente?

➤ **Critérios:** você sabe quais são os critérios de compra do cliente e qual a sua prioridade?

➤ **Autoridade:** você compreende o processo de tomada de decisão do cliente e sabe quais são as pessoas envolvidas nele?

➤ **Dor:** você sabe quais são os impactos negativos que o cliente sofre com a atual situação e o futuro impacto do problema se ele não for corrigido? O cliente concorda com isso?

➤ Prazer: você compreende os efeitos positivos dos quais o cliente desfrutará quando o problema for resolvido? O cliente concorda com isso?

Se você consegue responder "sim" a todas essas perguntas então está pronto para o estágio seguinte do processo de "neurovendas" amigável ao cérebro e para o próximo capítulo.

CAPÍTULO 11

O PROCESSO DE "NEUROVENDAS" AMIGÁVEL AO CÉREBRO – QUARTA FASE: CONVENCER

Talvez o estágio mais empolgante do processo de vendas para a maioria dos profissionais de vendas seja quando eles têm que apresentar e detalhar as vantagens de seus produtos ou serviços ao cliente. Este capítulo vai cobrir o estágio 7 do processo de "neurovendas" amigável ao cérebro e fornecer um processo de *pitch* amigável ao cérebro que lhe dará uma grande vantagem sobre seus concorrentes.

ESTÁGIO 7: CONVENCER

Esse estágio é sobre convencer o cérebro do cliente de que a ação que você está propondo é positiva, e que afastará o cliente da dor do problema e irá colocá-lo a caminho de obter a recompensa que sua solução é capaz de prover.

Antes que você avance, vamos recapitular alguns dos pontos principais a respeito do cérebro do nosso cliente. Vimos que pelo menos 95% dos pensamentos e sentimentos que influenciam o comportamento e a tomada de decisão das pessoas ocorrem abaixo do nível de consciência, isto é, na mente inconsciente: "a consciência é uma pequena parte do que o cérebro faz, e é um escravo de tudo o que funciona atrás dela" (professor Joseph LeDoux, neurocientista; em Lehrer, 2009). Portanto, é um erro acreditar que os clientes vão decidir considerando de modo proposital e consciente os aspectos e benefícios daquilo que você tem a oferecer, e então processarão isso de maneira lógica até chegar a uma decisão de comprar ou não.

Muitas pessoas cometem o erro de pensar que os seres humanos são racionais, tomadores de decisões pensantes e que nossas decisões são tomadas de modo deliberado e consciente. Há essa falsa concepção de que quando tomamos decisões estamos fazendo uma análise consciente dos dados disponíveis, comparando e contrastando alternativas e considerando com atenção os prós e contras antes de chegar a uma conclusão.

As emoções dos clientes estarão entrelaçadas ao seu processo racional. O cérebro tem áreas separadas, mas conectadas, para processar emoção e lógica, e a combinação e a comunicação entre essas áreas de funcionamento influenciam as decisões dos clientes de comprar ou não. Emoção e razão são elementos entrelaçados de nosso processo de tomada de decisão. Eles se influenciam mutuamente. Na realidade, pesquisas mostram que tomar boas decisões frequentemente envolve um complexo jogo de áreas diferentes do cérebro trabalhando juntas. Não é uma decisão emocional ou racional. É algo nebuloso que envolve ambos – impulsos emocionais e consideração mais racional afetando nosso julgamento a respeito de que ação realizar.

Precisamos construir nossa mensagem de vendas de tal modo que tenha apelo e seja recebida positivamente tanto pelo lado consciente e racional do cliente quanto pela sua mente emocional inconsciente (ver Figura 11.1).

Também é importante lembrar que as informações sensoriais viajarão pelo cérebro mais arcaico, primitivo, e depois pelo cérebro límbico ou emocional antes de alcançar o córtex racional. Também tem lugar um processo inicial de filtragem de todos os dados que entram. De um ponto de vista primitivo de sobrevivência, isso faz todo sentido. Em momentos de emergência o sistema límbico comanda o resto do cérebro e rapidamente desencadeia uma reação de ficar imóvel, lutar ou fugir. Não há tempo para analisar e pensar; precisamos agir para continuar vivos. E a parte mais arcaica reptiliana e a parte emocional do cérebro são as primeiras a receber o estímulo que o cliente recebe de nós e de nossa mensagem de vendas, antes que ela passe pelo córtex, onde considerações mais "racionais" têm lugar.

FIGURA 11.1 Sua mensagem de vendas é recebida pela mente consciente e pela mente inconsciente

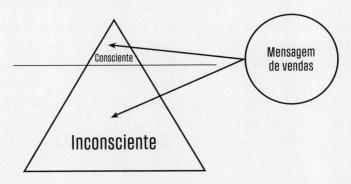

> Anatomicamente o sistema emocional pode agir de modo independente do neocórtex. Algumas reações e memórias emocionais podem ser formadas sem qualquer participação consciente, cognitiva.
>
> (Professor Joseph LeDoux, neurocientista; em Goleman, 1989)

O córtex pré-frontal é a parte crucial do cérebro envolvida na tomada de decisão consciente. No entanto, o resto do cérebro é maior e mais forte! Se as outras partes inconscientes do cérebro não "concordarem" também com a decisão, o cliente não vai dizer "sim"! Portanto, devemos cuidar da maneira em que vamos estruturar e entregar nossa mensagem de vendas para que tenha apelo às três partes do cérebro do nosso cliente! Vamos examinar as três partes do cérebro e ver no que cada uma delas está interessada e como reagirá.

◢ O cérebro reptiliano e o cérebro emocional

No Capítulo 3, examinamos como as partes mais primitivas do cérebro – o cérebro reptiliano e o sistema límbico – ocupam-se em grande medida da sobrevivência e da perpetuação da espécie.

O PRISMA de Mapeamento do Cérebro refere-se a essas duas partes do cérebro como "cérebro gremlin". Se você assistiu ao filme

Gremlins deve se lembrar de quando a versão reptiliana dos *gremlins* faz uma aparição ela é constituída por monstros sórdidos e destrutivos!

Os sistemas reptiliano e límbico são o principal guardião, e examinam e filtram que tipo de informação terá permissão de entrar. Eles estão atentos e deixam entrar: 1) informações às quais é importante que tenham acesso imediato; e 2) informações que o alertem de alguma ameaça ou perigo.

Essas partes do cérebro têm pouca ou nenhuma paciência quando o assunto não diz respeito imediatamente ao bem-estar e à sobrevivência.

Elas priorizam a sobrevivência (afastar-se de dor e dos perigos) e só depois buscam conforto, portanto, sua primeira reação é evitar a dor. Por favor, lembre-se de que essas são partes do cérebro bem mecânicas, egoístas e inconscientes. Elas não "pensam", nos termos comumente abrangidos pela definição de pensar. Dependem de sensações e impressões, que podem ser construtivas ou destrutivas. O mundo delas é muito "preto ou branco", "bom ou ruim", "afastar-se da dor" ou "ir em busca de recompensa". Elas reagem bem a contrastes que sejam claros, concretos, do tipo antes/depois, arriscado/seguro e mais rápido/mais lento. O contraste ajuda o cérebro a tomar decisões rápidas, isentas de risco.

É importante lembrar que os cérebros reptiliano e emocional julgam as coisas com muita rapidez e sem qualquer misericórdia. Eles formam uma impressão muito rapidamente e às vezes usam bem pouca evidência. Têm a tendência a focar no negativo, já que seu foco primário está na sobrevivência e, portanto, precisam manter constante vigilância contra as ameaças.

Gostam de e demandam gratificação instantânea, carecem de autocontrole e contenção, e agem no impulso e na emoção. Essas partes do cérebro podem ter reações exageradas a certas situações e introduzir nelas emoções exaltadas, intensas. A metáfora do PRISMA é útil de ter em mente – não queremos fazer nada que estimule as partes mais primitivas do cérebro do cliente e o leve a nos perceber como uma espécie de ameaça ou de perigo. Se isso ocorrer, nossa mensagem de vendas (e nós mesmos também!) acabaremos sendo rejeitados.

Como essas partes do cérebro vão prestar atenção primeiro em se afastar do perigo e da dor (pondo maior foco nisso do que na busca de recompensa), é importante focar primeiro no problema do cliente. Isso capturará a atenção das áreas reptiliana e límbica do cérebro. Elas estão altamente sintonizadas em perceber quaisquer mudanças no ambiente, portanto, se você se mover de modo consciente e deliberado durante o discurso de vendas, ou fizer algo inesperado, vai chamar a atenção delas.

◢ O cérebro racional

O córtex e o neocórtex são as partes mais novas do cérebro (em termos evolucionários), e são às vezes chamados de "cérebro pensante" ou "cérebro intelectual".

O PRISMA refere-se aos lobos frontais dessa parte do cérebro como "cérebro executivo", e aos lobos posteriores (os labos parietais, occipitais e temporais) como "cérebro base de dados".

O cérebro racional é onde têm lugar a memória operacional (ou memória de curto prazo, como é também descrita), a solução de problemas e a tomada de decisão baseadas em lógica, analíticas. Seu mundo é menos "preto ou branco" do que o do cérebro reptiliano ou emocional, e está envolvido em considerar possibilidades e analisar dados, em descobertas e pensamento lógico. Vai tentar confirmar fatos e verificar a verdade. Quando consegue isso, tenta juntar as coisas de maneira lógica e estruturada e determinar que ação precisa ser feita.

Essa parte do cérebro também tem uma consciência, e vai levar em conta princípios éticos a respeito do que é certo e justo, fazendo julgamentos sobre o curso de ação mais correto a ser seguido.

Diferentemente das partes arcaicas impulsivas do cérebro, essa parte pode escolher protelar recompensas ou gratificações. O cérebro racional parece ser atendido por realizações e satisfações que, falando em termos gerais, dependem de um sentido de propósito que envolva ter uma direção e dar um sentido à própria vida.

O cérebro base de dados tem duas funções principais – pensar e agir automaticamente usando pensamentos e comportamentos programados, e fornecer uma fonte de referência para dados armazenados, valores e crenças. As diversas partes de seu cérebro colocaram dados nessa área durante a sua vida. Essa parte do cérebro não tem nenhum pensamento ou poder de interpretação original, mas age com base na informação que armazenou. O neocórtex, o cérebro emocional e o cérebro reptiliano acessam o cérebro base de dados para ver quais dados anteriores (na forma de experiências, memórias e crenças) estão disponíveis. Esses dados então influenciam a decisão a ser tomada.

A utilidade dos dados depende do quanto sejam precisos ou válidos. Você pode encontrar-se às vezes vendendo a um cérebro que recuperou dados que foram previamente armazenados e que não são úteis à sua tentativa de venda. Por exemplo, alguns clientes têm determinada crença a respeito do tipo de produto ou serviço que você vende, baseada em dados inexatos. Podem ter ouvido alguém fazer algum comentário negativo a respeito do seu produto ou serviço. Sua tarefa será compreender e então agir sobre os dados armazenados que estão sendo usados para alicerçar a crença deles.

A boa notícia é que há pesquisas mostrando que as memórias são muito plásticas e maleáveis, e podem ser alteradas, transformadas e adaptadas (Sanitioso, Kunda e Fong, 1990). No Capítulo 10, tratamos das sondagens e das decupagens que são possíveis fazer no pensamento inconsciente do seu cliente e de como podemos trazê-las à superfície para ajudar o cliente a tomar uma melhor decisão. Veremos mais sobre isso ao longo do restante deste capítulo. É sempre útil compreender as crenças e opiniões que seus clientes têm atualmente (com base nos dados que armazenaram em seu cérebro base de dados), a fim de poder entrar em contato com eles no estágio em que estão antes de levá-los a outro lugar.

A seguir, uma série de considerações que podem ser usadas e incorporadas à estrutura e conteúdo de seu discurso de vendas.

◢ Curiosidade

A primeira coisa que você deve fazer com seu *pitch* de vendas é capturar a atenção do cérebro de seu cliente. E então deve manter essa atenção.

Se o cérebro depara com algo novo, inédito ou incomum, ele presta atenção! Quando as pessoas experimentam qualquer coisa que seja diferente ou inesperada, os níveis de norepinefrina e dopamina no cérebro aumentam. Isso faz as pessoas focarem sua atenção e as deixa alerta e interessadas.

A melhor maneira de capturar a atenção do cérebro do cliente é surpreendê-lo. Alguns dos métodos que tenho usado ao vender várias formas de consultoria, treinamento de vendas, treinamento em negociação e desenvolvimento de gestão ou liderança fazem uso dos seguintes recursos:

➤ Uma vez decorei a sala de reuniões que o cliente reservou para realizar o *pitch* de vendas, e usei materiais que fazem parte dos programas de treinamento em vendas. Recriei o ambiente de aprendizagem estimulante, envolvente, que concebi para os participantes desses programas, com adereços como pôsteres de parede contendo pontos-chave de aprendizagem, citações inspiradoras, coloquei música no ambiente e distribuí cartões pelas carteiras e pelo chão, que os participantes normalmente usam nos exercícios do programa real. Então convidei o potencial cliente para vir conosco até a sala de reuniões para iniciar o *pitch*. As pessoas que estavam sentadas no painel de tomada de decisão do cliente ficaram muito curiosas com essa aparência incomum que a sala de reuniões havia ganhado nessa hora! Só fiz alguma referência às coisas que havia colocado para enfeitar a sala bem mais adiante durante o *pitch*, e com isso mantive a sensação de curiosidade e a atenção do cliente.

➤ Outras vezes coloco o apoio à memória que contém as primeiras letras dos seis conceitos-chave que vou discutir num cavalete *flip chart*, e à medida que o *pitch* progride vou completando as palavras relativas à primeira letra. Procuro deixar pelo menos uma delas incompleta até realmente concluir o *pitch*, porque então o cérebro do cliente já grita para que aquela lacuna seja preenchida!

➤ Começo com uma pergunta ou declaração provocativa e/ou desafiadora, por exemplo "Na sua empresa, qual o nível mínimo de desempenho que se pode atingir e ainda assim manter o emprego?", ou "Segundo pesquisas, pelo menos 80% a 90% do comportamento dos funcionários é determinado pelo comportamento dos líderes da empresa. Isso significa que o comportamento que vejo em seus funcionários me diz que tipo de líderes vocês são".

➤ Uso algum outro adereço ou recurso. Como boa parte da minha consultoria de vendas está orientada em torno da aplicação da neurociência, um dos meus companheiros constantes de viagem é uma réplica em escala do cérebro humano. Com frequência deixo-a em cima da mesa ou da carteira à minha frente e, propositalmente, não faço nenhuma referência a ela até bem mais adiante no *pitch* de venda. Como é um objeto incomum, atrai a atenção e desperta a curiosidade do cliente.

➤ Entro na sala com um *storyboard* gigante desenhado e colorido que traz uma representação visual de uma solução que eu forneço. Todo o *pitch* é conduzido usando apenas esse material. O logo do cliente e referências a seus clientes e funcionários estão contidos no *storyboard*, o que mostra que foi preparado especificamente para o cliente. Certa vez deixei o *storyboard* com o cliente ao final do *pitch*, a pedido dele.

➤ Conto a eles no início do *pitch* de vendas que vou revelar várias informações atraentes e do seu interesse. Com isso, abro o que chamo de um circuito no cérebro deles, que eles sentem necessidade de fechar. Só fecho o circuito bem mais tarde no *pitch*, pois é uma maneira de atiçar a curiosidade e manter a atenção deles. Por exemplo: "À medida que formos avançando vou apresentar a vocês três maneiras testadas e comprovadas e aprovadas, por meio das quais podemos entregar exatamente os resultados que vocês estão procurando e vou fornecer provas concretas de nossa capacidade". Quando digo "três maneiras testadas e comprovadas e aprovadas", conto três vezes nos dedos. À medida que avanço no *pitch* e revelo cada "maneira testada e comprovada e aprovada", ressalto cada ponto verbalmente ("Portanto, a primeira maneira é...") e também de modo não verbal, marcando cada ponto no dedo relevante. Isso faz o cérebro do cliente relembrar, de modo não verbal, que ainda há mais a ser revelado. Vou explicar mais adiante neste capítulo por que escolho "três maneiras testadas e comprovadas e aprovadas" e por que estruturo a frase como "testadas *e* comprovadas *e* aprovadas" e não como "maneiras testadas, comprovadas e aprovadas".

Portanto, você terá que esperar um pouco mais para descobrir qual a razão específica e poderosa disso. Aposto que agora tenho a sua atenção e despertei sua curiosidade!

Portanto, reflita um pouco sobre como pode capturar a atenção de seus clientes e deixar seus cérebros curiosos para saber mais. Dispare a liberação de norepinefrina e dopamina para que a atenção deles fique focada, deixando-os alerta e interessados. Você não precisa ser extravagante ou amalucado para surpreender o cérebro do cliente. Pode fazer isso de maneiras sutis que ainda assim serão muito eficazes. Mistérios, quebra-cabeças, perguntas, coisas inexplicadas e padrões incompletos são meios poderosos de capturar e manter a atenção do cérebro do seu cliente. Na realidade, você deve estar ciente de que ser incomum e diferente demais pode disparar uma sensação de ansiedade nas partes mais arcaicas do cérebro, já que excesso de novidade pode significar uma grande mudança, e a mudança pode ser percebida como uma ameaça à sobrevivência.

Como já mencionado, as áreas reptiliana e límbica do cérebro do seu cliente estão altamente sintonizadas em detectar quaisquer mudanças em seu ambiente, portanto, movimentar-se durante *pitches* de vendas ou fazer algo inesperado captura a atenção deles. Você pode usar movimento para se certificar de que não está perdendo a atenção do cliente. Eu recomendaria fazer algo para atrair a atenção em intervalos de poucos minutos. Por exemplo, se você usa apoios visuais como PowerPoint ou Keynote, deixe a tela em branco e caminhe até o outro lado da sala, alterne entre ficar em pé e sentar, passe alguma coisa para o cliente examinar ou se aproxime da plateia para ressaltar algum ponto. Faça perguntas, ilustre um aspecto num *flip chart* ou numa lousa branca, mostre um gráfico ou foto de impacto visual e depois explique a razão de ter mostrado, e assim por diante. Ao praticar previamente seu *pitch*, planeje inserir coisas para capturar a atenção ao longo dele.

◢ Decupar

Para dar ao cérebro do cliente um pouco de conforto e segurança, divida seu *pitch* de vendas em porções digeríveis ou passos simples.

Delineie no início do *pitch* o processo que você seguirá com o cliente. Isso estabelecerá um caminho mental, tornando seu discurso mais fácil de ser assimilado pelo cérebro do cliente e preparando-o para esperar cada passo (aumentando o conforto e a segurança), permitindo estimular a curiosidade (como descrito acima) quando você menciona coisas que relatará ao cliente – mas ainda não!

◢ Clareza

É importante proporcionar clareza ao cérebro do cliente. Para ajudá-lo a tomar uma decisão precisamos proporcionar clareza ao longo do processo de vendas e particularmente durante o *pitch* de vendas. Quanto mais clareza você proporcionar, mais fácil será para o cérebro deles tirar conclusões. Como veremos mais adiante, quando proporcionamos clareza ao cérebro, em vez de bagunça e confusão, fica bem mais fácil para ele processar as informações apresentadas e tomar uma boa decisão.

O pensamento consciente é uma complexa interação que envolve bilhões de neurônios, portanto, o cérebro usa um bocado de energia para isso. Como o cérebro evoluiu numa época em que a comida podia ser um bem escasso, ele buscou ser o mais eficiente possível, e minimizar sempre o uso de energia. Ao tomar decisões e resolver problemas, o cérebro faz intenso uso do córtex pré-frontal. O córtex pré-frontal pode ficar sobrecarregado diante de decisões confusas de serem tomadas. Nesses cenários, pode evitar tomar uma decisão que consuma energia demais ou então faz uma escolha automática ou inconsciente – por ser mais rápida e fácil, e por gastar menos energia. O perigo é que a escolha automática ou inconsciente às vezes consiste simplesmente em deixar as coisas do jeito que estão, manter o mesmo fornecedor ou adiar a tomada de decisão. Se você conseguir minimizar o uso de energia pelo córtex pré-frontal, maximiza os recursos de energia que o cérebro do cliente tem à disposição para tomar uma boa decisão que o atenda bem.

Profissionais de vendas que compreendem seu produto ou serviço muito bem podem, às vezes, em razão de seu alto nível de insight e de anos de experiência, explicar as coisas num nível mais avançado e abstrato do que seria adequado a uma pessoa com menor conhecimento e experiência. Quando isso acontece, os clientes podem ficar confusos e achar que estão sendo embromados de algum jeito. Seus cérebros estão diante de coisas complicadas e confusas demais, e isso pode levar a uma paralisia da decisão.

Há um limite para a quantidade de informação que o cérebro racional ou consciente é capaz de processar simultaneamente. Vários pesquisadores concluíram que o número máximo de "pedaços" ou "bits" de informação que uma pessoa consegue manter na mente ao mesmo tempo fica entre quatro e sete, e há um estudo que conclui que o número de "pedaços" de informação dos quais você consegue lembrar com precisão em determinado momento é... um (Cowan, 2001; Gobet e Clarkson, 2004)! Deve-se limitar o quanto possível o número de fatores variáveis que o cérebro do cliente precisará manter na mente para ser capaz de tomar uma decisão. O mantra da "neurovenda" é: menos é mais!

A capacidade de o cliente tomar uma decisão abrangente é limitada pelos recursos disponíveis ao córtex pré-frontal. O objetivo da abordagem "neurovenda" é ajudar o cliente tornando o processo de compra o mais amigável ao cérebro possível. Podemos conseguir isso oferecendo clareza ao cliente!

Uma boa maneira de proporcionar clareza é começar com a situação que o cliente vive agora. No Capítulo 4 vimos os modelos ou mapas mentais que existem nos cérebros dos clientes. Uma boa ideia é identificar onde os clientes estão agora com seu pensamento a respeito do assunto em questão, em que acreditam e que opiniões têm.

É importante certificar-se de que estamos "na mesma página" que nossos clientes, ou, mais precisamente, que estamos compartilhando o mesmo mapa! Mostrar que estamos compreendendo a situação e as crenças deles nos ajuda a construir *rapport* com eles. É bom fazer um resumo dessa compreensão e verificar com os clientes se esse resumo é correto. Conseguir colocar os clientes num estado mental de concordância, sinalizando com a sua explanação que você conhece o contexto atual em que eles estão, deixa o cérebro deles mais receptivo e inclinado a concordar com sua proposta de venda.

Podemos então usar essa situação ou contexto atual para demonstrar como é possível levar os clientes do ponto em que estão em direção a uma situação mais benéfica. O cérebro funciona fazendo a conexão das novas informações que entram com os mapas existentes, portanto, vincular suas ideias ou proposta à realidade existente dos clientes torna mais fácil para eles compreenderem e aceitarem.

Quando as pessoas enfrentam um problema ou desafio costumam tentar aplicar estratégias que tenham funcionado para elas em situações anteriores similares. Os clientes projetarão sua experiência passada no problema ou desafio atual ou futuro, a fim de poder lidar com ele.

Uma eventual crença deles a respeito do que poderia funcionar talvez dificulte que a sua proposta seja adequadamente considerada e aceita. Costuma ser mais eficaz se acertar com eles no ponto em que estão atualmente em seu pensamento (mostrando que você compreende o "mapa" atual deles) e então partir daí para ir gentilmente movendo-os para uma nova solução positiva, em vez de tentar bater de frente com o "mapa mental" existente.

O primeiro passo para certificar-se de que os clientes têm clareza é checar se você mesmo tem essa clareza, ou seja, se é capaz de articular sua proposta de maneira sucinta, direta, amigável ao cérebro, comunicando os pontos mais importantes com impacto. Um modelo útil é usar uma técnica que me foi relatada por um consultor de comunicações que treinava executivos de empresas sobre como causar uma impressão positiva quando entrevistados pela mídia. Ele contou que o importante era que fossem muito claros a respeito da principal mensagem que queriam transmitir, e percebi que esse modelo é muito valioso para profissionais de vendas destacarem as mensagens cruciais em situações de vendas – tanto em *pitches* formais de vendas como em ocasiões mais informais.

Você pode adaptar e usar isso antes, no processo de vendas, como parte de seu discurso, e também pode usar para resumir os benefícios principais ou para fornecer as opções que você sugere.

Ele contou que usa a metáfora de uma casa – que ele chamou de "a casa da mensagem" (ver Figura 11.2). O "telhado" da casa da mensagem contém seu ponto mais importante. É o ponto ao qual você se referiu várias vezes – por exemplo, no início, no meio e no final da sua apresentação. Ao preparar sua apresentação de vendas, você precisa considerar com muito cuidado essa mensagem. Ela será a principal coisa que você quer que seu cliente lembre da sua apresentação. Oriente sua mensagem principal em torno de algo que ofereça grande benefício ao cliente. Por exemplo, eu costumo usar o fato de ter uma abordagem prática orientada a resultados, combinando previamente as medidas de sucesso para a realização de qualquer trabalho para um cliente e garantindo entregar os resultados pré-acertados. Em suma, minha mensagem principal é: "Você quer melhores resultados de vendas – eu garanto que vou entregá-los!". Por mais simples que isso possa soar, costuma propiciar um ponto de contraste em relação aos meus concorrentes, que gastam mais tempo falando do serviço que fornecem em vez de falar dos resultados que o cliente deseja.

FIGURA 11.2   A casa da mensagem

Sua mensagem principal é em seguida apoiada por seus três pontos-chave. Eles podem ser, por exemplo, os três principais benefícios que você proporcionará. Eles devem corresponder e atender aos três critérios mais importantes do cliente que você teve o cuidado de identificar durante o estágio de contexto e catálise do processo de "neurovendas" amigável ao cérebro (ver Capítulo 10). Em razão das limitações quanto ao número de itens ou pedaços de informação que podem ser sustentados pela consciência ao mesmo tempo, uma mensagem principal e três pontos-chave são um bom número – que pode ser processado, compreendido e usado pelo cérebro do cliente para tomar sua decisão.

Um pouco antes mencionei que também explicaria a razão para usar a estrutura "testado *e* comprovado *e* aprovado" em vez de falar em maneiras "testadas, comprovadas e aprovadas". A razão é que o uso repetido desse "e" dá ritmo, dá força e ênfase à sua mensagem ao separar e destacar melhor os três pontos-chave. Os redatores de discursos políticos conhecem essa técnica, e agora que você tem conhecimento poderá constatar melhor como é utilizada com bastante frequência!

Em seguida você precisa preparar sua "base factual". São os fatos e provas que você está pronto a apresentar para validar sua mensagem principal e os três pontos-chave. Embora saibamos que a emoção tem papel significativo nas decisões de compra, ainda é necessário apresentar provas concretas da capacidade de seus produtos e serviços.

Por favor, lembre-se de que certos clientes vão precisar mais de fatos e dados em seu processo de tomada de decisão (é o caso da personalidade Ouro, por exemplo), e que há também forte benefício emocional em proporcionar essa prova, já que ela cria uma sensação de certeza, confiabilidade e conforto que o cérebro gosta de ter para seguir adiante.

Contraste

O cérebro do seu cliente (incluindo as muito importantes partes arcaicas) reage positivamente ao contraste nítido. Para ajudá-lo a tomar a decisão certa, procure propiciar contraste – por exemplo, entre a situação atual e a que será criada quando o cliente tiver escolhido adquirir seu produto ou solução. O seu contraste precisa proporcionar:

➤ Um resumo do estado ou situação atual de seu cliente, dos problemas que estão sendo experimentados e dos custos ou do impacto associados a eles. Isso oferece a motivação "afaste-se da dor" para que o cérebro do cliente decida se afastar dela.

➤ Um resumo do estado ou situação desejados que mostre as recompensas e benefícios que o cliente experimentará assim que os problemas tiverem sido resolvidos pela compra e implementação do seu produto ou serviço. Isso oferece a motivação de "buscar recompensa" para o cérebro do cliente querer seguir por essa via.

> Um posicionamento que mostre seu produto ou serviço como o propiciador que permite se mover de onde o cliente está agora para o lugar que ele deseja ocupar (ver Figura 11.3).

FIGURA 11.3 Seu produto ou serviço permite que o cliente se afaste do problema em direção a uma solução positiva

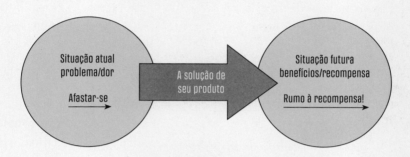

Meu bom amigo e especialista em gestão de contas principais Phil Jesson concebeu um poderoso modelo que você pode usar ao trabalhar com e ao vender a clientes. Ele é chamado de "pontes estratégicas". O modelo mostra o estado atual do negócio do cliente dentro de uma escala de tempo definida – por exemplo, três anos. São incluídas métricas ou medições de onde o cliente está agora e de onde ele quer estar, por exemplo, de faturamento, margens de lucro etc.

Você então determina as estratégias que o cliente planeja usar para levar o negócio de onde ele está agora até onde o cliente quer que chegue. Essas são as "pontes" que irão permitir a transição do cliente ao se afastar do estado atual e ir em direção ao estado desejado (ver Figura 11.4).

A fim de ser capaz de desenvolver e articular esse modelo, é necessário um conhecimento excelente do cliente, em profundidade. Embora possa levar tempo para desenvolver, as recompensas são um insight excepcional nos negócios do cliente, que irá diferenciá-lo de seus concorrentes.

Em alguns casos você pode ter que trabalhar com o cliente para desenvolver o modelo de pontes estratégicas. Você pode agregar imenso valor ajudando o cliente a construí-lo, e isso aprofunda e fortalece seu relacionamento.

FIGURA 11.4 Exemplo de pontes estratégicas

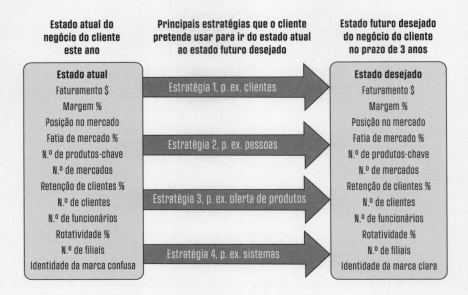

Utilizei o modelo de pontes estratégicas em numerosas ocasiões ao vender a meus clientes, e a resposta tem sido sempre muito positiva. Ele mostra que você compreende – compreende realmente – o negócio deles e que pode ajudá-los a alcançar os resultados que desejam.

Você pode então usar o modelo para discutir e chegar a um acordo sobre como seus produtos e serviços ajudam os clientes a serem bem-sucedidos em implantar suas estratégias. Normalmente há uma série de projetos e iniciativas alinhados a cada ponte estratégica, e se você consegue agregar valor a elas o resultado geralmente será uma venda!

Você deixa de ser apenas outro fornecedor e passa a ser visto como um parceiro e um propiciador estratégico, com todas as recompensas que virão. Você se diferencia e define muito bem sua posição em relação à de seus concorrentes.

Você também notará que o modelo de pontes estratégicas dá força ao princípio "afastar-se da dor" e "ir em busca da recompensa" discutido antes. Você pode combinar a dor e os problemas do estado atual e os resultados e recompensas do estado desejado com o modelo de pontes estratégicas e criar uma ferramenta de vendas amigável ao cérebro, poderosa e sofisticada. Com base na experiência pessoal, é uma ferramenta que eu recomendo fortemente.

Outro ponto de contraste é demonstrar como você difere e o quanto é superior aos seus concorrentes. Uma boa maneira de comunicar isso é perguntar aos seus atuais clientes por que eles compram de você e as vantagens que eles percebem que você oferece. Aquilo que você pensa que diferencia sua empresa pode ser diferente do que seus clientes veem! Se você pergunta aos seus clientes-chave quais são seus pontos diferenciais rapidamente terá maior clareza a respeito de quais são, pois irão aparecer temas comuns. Então você pode incorporar isso ao seu *pitch* de vendas. Sua mensagem precisa diferenciá-lo claramente de seus concorrentes e prover um ponto de contraste forte.

Por exemplo, um de meus clientes me contratou para um trabalho de consultoria específico. Trata-se de uma empresa integrante do FTSE 100 [Financial Times Stock Exchange] com operações ao redor do mundo que estava a ponto de reorganizar uma de suas maiores divisões. Como parte disso, queriam fundir três equipes de vendas separadas em uma nova operação de vendas global. Queriam que eu os ajudasse nisso e garantisse que seus novos profissionais de vendas globais teriam o conjunto de aptidões exigido. Adorei quando me disseram que não era uma situação competitiva, já que estavam conversando apenas comigo a respeito desse projeto. Explicaram que isso era porque "Você tem uma compreensão realmente profunda de nosso negócio e um histórico comprovado de entregar resultados".

É um feedback muito agradável de receber, mas o mais importante é que se trata de um feedback de cliente poderoso, a respeito de como eles percebem meus pontos de diferença, que eu posso então usar com outros clientes, diferenciando-me ao focar na minha aptidão de entregar consistentemente resultados tangíveis e melhoras de desempenho. Embora a maioria de meus concorrentes fale sobre o quanto seus programas de treinamento e consultorias são excelentes, eu ponho foco no que meu cliente mais deseja – melhores resultados.

Mais adiante neste capítulo veremos como usar esse feedback de cliente de uma maneira muito poderosa e atraente, que irá ajudá-lo a fechar mais vendas – mas falaremos disso mais tarde.

◢ Concretizar

> Se eu não puder imaginar, não vou conseguir entender.
> (Albert Einstein)

Um dos desafios que muitas organizações enfrentam é a transição que seus profissionais de vendas devem fazer da venda transacional para a venda ou solução consultiva. Em razão da natureza competitiva da maioria dos setores, as margens vão sendo aos poucos erodidas à medida que as empresas lutam entre si e usam o preço como ponto central de diferenciação. Se os clientes querem comprar um produto e não percebem nenhum ponto claro de diferenciação entre dois fornecedores, invariavelmente fazem negócio com quem oferece o menor preço. E a margem invariavelmente é jogada para baixo em espiral.

A fim de se diferenciar e proteger sua margem, as empresas cada vez mais precisam mudar seu foco e se tornarem provedoras de soluções sob medida em vez de apenas fornecedoras transacionais de produtos. Isso tem exigido uma mudança do profissional de vendas mais tradicional, de "soluções prontas", para um profissional de vendas mais consultivo e orientado a soluções.

Um dos desafios inerentes que acompanham isso está na capacidade da pessoa de vendas de conseguir vender soluções menos tangíveis e menos complexas, só que encontrar ou treinar profissionais de vendas para terem sucesso em vender dessa maneira é um ponto de dor importante para muitos diretores de vendas.

Seu *pitch* de vendas precisa ser o mais concreto possível. Ideias intangíveis ou abstratas são difíceis de processar pelo cérebro do cliente. Esse tipo de pensamento costuma ser próprio de especialistas, que são capazes de processar dessa maneira.

Como descrito antes, ao tomar decisões e resolver problemas o cérebro faz pesadas exigências ao córtex pré-frontal. O córtex pré-frontal pode ficar cansado e sobrecarregado quando tem que encarar decisões complicadas. Portanto, torne seu *pitch* de vendas o mais concreto possível. Linguagem concreta e explicações concretas são necessárias para que os cérebros da maioria dos clientes captem e compreendam um conceito. Se está vendendo um produto tangível, traga seu produto (ou pelo menos parte dele) com você. Deixe seu cliente tocá-lo e senti-lo. Se estiver vendendo algo mais intangível torne-o mais concreto providenciando uma representação visual dele ou do que ele faz – por exemplo, um fluxograma. Mostrar algo aos clientes facilita muito as coisas para o cérebro deles, poupando-os de serem obrigados a imaginar as coisas por si.

Cerca de 25% do cérebro está envolvido em processamentos visuais (mais que para qualquer outro sentido). Certifique-se de capturar a atenção do cérebro com elementos visuais fortes. Uma mensagem acompanhada de uma foto é muito mais marcante. A fim de avaliar e ponderar uma decisão complexa, os circuitos visuais do cérebro são frequentemente ativados, portanto, se você fornece informações visuais mais concretas ajudará o cliente a tomar uma decisão efetiva.

Elementos visuais (como fluxogramas e diagramas) podem abrigar muita informação e são muito amigáveis ao cérebro, já que reduzem a quantidade de informação que ele precisa usar para assimilar a informação. O uso de elementos visuais reduz a exigência sobre o córtex pré-frontal, deixando-o mais capaz de processar informações e tomar uma decisão.

◢ Certeza e credibilidade

O cérebro de seu cliente gosta de certeza. Num nível profundo, a parte primitiva do cérebro associa certeza a sobrevivência. Há cem mil anos, quanto maior certeza um ambiente oferecia, mais seguro era. A incerteza era sentida como uma ameaça à sobrevivência. Avançamos rápido cem mil anos até o presente e vemos o cérebro do cliente ainda procurando, de forma constante, automática e inconsciente, ter certeza em vez de experimentar a incerteza. Nossos cérebros estão sempre procurando se afastar do desconforto ou da incerteza indo na direção do conforto e da certeza.

Seres humanos são criaturas de hábitos. Seguimos as mesmas rotinas, vamos ao trabalho da mesma maneira todos os dias, dormimos no mesmo lado da cama, comemos o mesmo tipo de comida e assistimos aos mesmos tipos de programas de televisão, entra dia, sai dia. Sim, também gostamos de alguma variedade em nossas vidas, mas temos uma necessidade mais arraigada de certezas.

Nossa afinidade com produtos de marca está associada a certo grau de certeza que esses produtos de marca oferecem. Nós nos sentimos confortáveis ao imaginar que eles irão entregar o que estamos esperando, o que aumenta nossa sensação de certeza e leva aos níveis mais elevados o conforto psicológico que nosso cérebro tanto deseja.

Seus clientes vão querer ter o máximo de certeza de que você é um fornecedor seguro e confiável, que entregará o que promete. Clientes podem se sentir um pouco inseguros, nervosos, expostos, preocupados ou achando que estão assumindo um risco quando escolhem um fornecedor para trabalhar com eles. Sentem-se inseguros. Você deve comunicar um forte grau de certeza.

Primeiro, é de vital importância que você se mostre como um profissional experiente, conhecedor, que sabe do que está falando. Você deve se tornar um especialista em seu campo, com níveis excepcionais de conhecimento de seus produtos e serviços. Deve transpirar autoridade e confiança (mas não excesso de confiança) de todos os poros de seu ser. Os clientes precisam comprar você, antes de comprarem algo de você.

Em segundo lugar, seu *pitch* de vendas deve conter elementos que impulsionem certeza e credibilidade. *Drivers* de certeza são coisas que você pode usar para aumentar os níveis de certeza dos clientes. *Drivers* de credibilidade mostram aos clientes que você já fez isso antes e que é capaz de ajudá-los. Certeza e credibilidade estão entrelaçadas. Quanto mais confiantes os clientes estiverem em sua credibilidade, mais certeza eles sentem, e maior é a probabilidade de que comprem. Exemplos:

➤ **Testemunhos de clientes reais:** a pesquisa do doutor Robert Cialdini (1993) faz referência ao poder do que ele chama de "prova social". As pessoas usam o comportamento ou as crenças de outras pessoas para decidir como elas mesmas deverão se comportar e agir. Quanto mais as pessoas se sentem inseguras, mais provável é que usem o comportamento de outras como guia. Além disso, Cialdini constatou que as pessoas são mais inclinadas a seguir o exemplo de pessoas que são mais similares a elas. Portanto, você deve reunir uma série de testemunhos convincentes que lhe permitam combiná-los com sucesso com o cliente a quem estiver vendendo. Grandes empresas precisam ver testemunhos de grandes empresas.

Pequenas empresas, de pequenas empresas. Se puder mostrar do mesmo setor, melhor ainda. Eu há pouco fechei um negócio para oferecer *coaching* de gestão de vendas e treinamento de vendas a uma grande empresa internacional. O treinamento será oferecido em várias línguas, cobrindo vários países. Portanto, o testemunho que usei foi de um cliente real com o qual havíamos trabalhado de modo bem-sucedido em um projeto dessa escala. Talvez a forma mais poderosa de testemunho que eu posso recomendar é que você coloque o novo cliente em contato direto com seus clientes reais. Permita que conversem a seu respeito e se reúnam sem você estar presente. O poder dessa forma de testemunho me permitiu fechar vários negócios. Às vezes, o simples fato de você ter essa confiança de colocá-los em contato direto já é suficiente para o potencial cliente sentir-se seguro. Embora seja óbvio que você só conectará o cliente potencial com um cliente real que tenha ficado satisfeito, que seja leal e que dirá coisas positivas a seu respeito, a natureza transparente desse tipo de oferta de conectá-los para que discutam diretamente é muito poderosa.

> **Listas de clientes:** além de testemunhos específicos, prepare uma lista abrangente do tipo de organizações com as quais você trabalha. Eu sei, pela análise dos dados do meu próprio site, que uso para me promover como conferencista de peso, que as pessoas, depois de olharem os temas das minhas palestras, geralmente visitam minha página de clientes e testemunhos. Elas procuram ter certeza.

> **Estudos de caso:** esses são basicamente versões dos testemunhos, mas em profundidade. Precisam ser suficientemente curtos para serem lidos por um potencial cliente muito atarefado, mas precisam ter profundidade suficiente para provar sua capacidade e apresentar seu histórico. Leve em conta quando for prepará-los que é preciso fornecer um resumo mais geral para clientes Verdes e Vermelhos, e um nível maior de detalhes e de fatos de comprovação para clientes Azuis e Ouro. Seus estudos de caso precisam explicar a situação do cliente, a solução que você apresentou e os resultados obtidos. Para o Cliente Azul, coloque exemplos específicos orientados a pessoas.

Seu cliente precisará ser citado e descrito ao longo do estudo de caso para constituir uma prova social.

➤ **Pesquisa de alguma autoridade reconhecida que prove a eficácia de seu produto ou serviço:** este pode ser um poderoso *driver* de certeza. Esteja preparado para fornecer dados em profundidade aos seus clientes Ouro, que reservarão um tempo para analisar a pesquisa e checar se as fontes são precisas.

➤ **Garantias:** são outra maneira de proporcionar certeza. O conhecidíssimo "serviço ou produto garantido ou seu dinheiro de volta" é um forte *driver* de certeza. Se você não entrega, o cliente não paga. Isso também comunica certeza, porque se não tivesse certeza de sua competência você não daria essa garantia. O profissional de marketing Jay Abraham popularizou o conceito de "reversão de risco", quando o negócio tira todo o risco do cliente ao prover uma garantia sólida, 100%, de devolver o dinheiro sem tergiversar. Isso comprovadamente aumenta as vendas.

➤ **Endosso de pessoas percebidas como influentes ou como figuras de autoridade:** o endosso por celebridades é lugar-comum, porque é algo que funciona. Consegui o endosso de pessoas famosas, de gente de alto perfil na área de negócios, para os meus livros. Por exemplo, o multimilionário Duncan Bannatyne, astro do programa da BBC TV *Dragons' Den*, escreveu o prefácio do meu livro *Bare Knuckle Negotiating* (Hazeldine, 2011a), e o empreendedor multimilionário Michael Dell deu seu endosso ao livro *Bare Knuckle Customer Service* (2012), que escrevi junto com Chris Norton. É positivo para vender livros, já que o endosso dessas figuras de autoridade proporciona certeza de que vale a pena ler os livros.

➤ **Um programa, estudo ou teste-piloto:** isso permite que os clientes "mergulhem a ponta do dedão do pé na água" para testar, antes de se comprometerem totalmente. Permite provar sua capacidade e reduz o risco para o cliente – exerce grande apelo em clientes Azuis e Ouro!

Certifique-se de contar com um arsenal de *drivers* de certeza para as suas vendas. O cérebro do cliente precisa de certeza – e sua tarefa é proporcioná-la.

O poder de "vender histórias" (*storyselling*)

Outra maneira de você acrescentar certeza é contando histórias. Chamo isso de "vender histórias", ou *storyselling*. E é um método tão poderoso de vender num sentido mais amplo que vou dedicar uma seção a ele.

O método parte de uma pesquisa de Robert Cialdini sobre o poder da prova social e então expande e alavanca esse conceito aproveitando uma das formas de comunicação mais poderosas e convincentes – a história.

Encontramos histórias em inúmeros contextos da vida humana, como em discursos, livros, escritos, na educação, em canções, filmes, na televisão, nos videogames, no teatro e na arte. As histórias têm papel importante na cultura humana. São um componente presente em toda comunicação. Um estudo do antropólogo e biólogo evolucionário Robin Dunbar (1998) descobriu que os tópicos sociais, como, por exemplo, atividades sociais, relacionamentos pessoais, e gostos e aversões pessoais, que ele chamou genericamente de "fofocas", perfaziam 65% do tempo de fala entre pessoas em locais públicos, isto é, as pessoas passam muito tempo contando histórias a respeito de si mesmas e dos outros!

A história humana é rica em histórias. Antes da palavra escrita, era por meio de histórias que o conhecimento e a sabedoria eram transmitidos de geração a geração. Muitos livros religiosos e mestres espirituais fazem uso extenso de histórias para transmitir seus ensinamentos. A história humana também é rica em lendas, fábulas e metáforas. As histórias foram provavelmente uma das primeiras formas de entretenimento. Elas têm um impacto duradouro. As fábulas de Esopo, por exemplo, remontam pelo menos ao século 4 a.C. – o que prova sua longevidade e poder.

As primeiras experiências sobre histórias que a maioria das pessoas tem é positiva. Desde histórias contadas na hora de dormir, ouvir os avós falando dos bons e velhos tempos, ler ficção, ver histórias na televisão e no cinema, nossa criação normalmente é cheia de histórias.

Agora a neurociência nos permite compreender exatamente por que as histórias são tão poderosas e, mais importante para nós profissionais de vendas, como usá-las para informar, educar e influenciar o cérebro de nossos clientes.

Todos gostamos de uma boa história, mas o que há nas histórias que as torna tão envolventes? Por que, quando ouvimos uma narração de eventos, por exemplo, parecemos ser sugados para dentro da história?

Em experimentos realizados pelo doutor Uri Hasson e sua equipe de neurocientistas na Universidade Princeton, uma mulher conta uma história enquanto é monitorada por um *scanner* fMRI [imagem por ressonância magnética funcional]. Um grupo de voluntários então ouve a história por meio de fones de ouvido enquanto seus cérebros também são escaneados por fMRI. O fascinante é que, quando há atividade em uma parte do cérebro da mulher, há atividade correspondente nos cérebros dos ouvintes. Quando a mulher mostra atividade na região emocional do cérebro os ouvintes também mostram. Quando seu córtex pré-frontal é ativado, o deles também é! Ao contar a história, ela planta ideias, pensamentos e emoções nos cérebros dos ouvintes. Quando você ouve histórias e entende, seu cérebro se "encaixa" com o cérebro de quem conta a história. Você experimenta a mesma atividade cerebral do contador da história.

Hasson também registrou uma gravação de um aluno universitário contando uma história improvisada de um desastroso baile de formatura que envolveu namorados rivais, além de uma briga e uma batida de carro, enquanto também era submetido a um escaneamento por fMRI. Um grupo de 12 pessoas então ouviu a gravação sendo monitorada igualmente por fMRI. Mais uma vez, os resultados mostraram que os ouvintes tinham atividade cerebral similar.

Portanto, quando você conta histórias aos seus clientes, a atividade neural entre os cérebros de vocês fica sincronizada, aumentando a compreensão, o conforto, o *rapport* e a conexão. Quando você conta uma história aos clientes, pode transferir experiências e emoções diretamente aos cérebros deles. Eles sentem o que você sente. Têm empatia. O que quer que você tenha experimentado (ou que aquele outro seu cliente experimentou e está sendo transmitido por meio da sua história), pode fazer seu cliente experimentar também. Esse fenômeno provavelmente tem a ver com os neurônios-espelho descritos no Capítulo 3.

Além disso, toda vez que ouvimos uma história, nosso cérebro tenta relacioná-la a uma de nossas experiências anteriores. Os ouvintes conectam a história às suas próprias ideias, memórias e experiências. Histórias envolvem os cérebros de nossos clientes, trazendo-os para dentro da narrativa, convidando-os a se juntar e a acompanhar. Uma boa história desperta reações emocionais e motivacionais similares às da experiência real que está sendo narrada. Do mesmo modo que ao lermos um livro de ficção somos trazidos para dentro do mundo do escritor e recriamos em nossos cérebros a experiência do que está sendo descrito, seus clientes serão atraídos para dentro de sua história de vendas.

Com histórias, você não terá uma audiência passiva, indiferente. Seus clientes não conseguem simplesmente ouvir sua história – eles são levados para dentro dela, porque a sua história propositalmente ativa os cérebros deles. Pesquisas mostram que quando as pessoas imaginam estar vendo luzes piscando isso ativa a área visual de seu cérebro, e quando imaginam alguém tocando a mão delas as áreas táteis de seu cérebro são ativadas, e quando imaginam ver a Torre Eiffel em Paris, seus olhos instintivamente se movem para cima como se estivessem de fato olhando para a Torre Eiffel real! E se você por um instante imaginar que está bebendo suco de limão e imaginar que aquele gosto intenso e azedo passeia pela sua boca, verá como passa a produzir maior quantidade de saliva!

Histórias também funcionam quando impressas, como qualquer um que tenha lido um bom romance pode testemunhar. Histórias sobre seus atuais clientes, se bem contadas, estimulam o cérebro de quem for lê-las. O cérebro não faz muita distinção entre ler a respeito de uma experiência e experimentá-la na realidade. Em ambos os casos, as mesmas regiões do cérebro são estimuladas.

◢ Estruture sua história de vendas

É mais provável que o cérebro de seus clientes seja estimulado por sua história se eles tiverem sido trazidos para dentro dela e se sentirem transportados por ela. Os eventos narrados precisam se desdobrar um após o outro, com uma clara sequência de causa e efeito. Isso corresponde à maneira pela qual nossos cérebros gostam de pensar.

O que apresentamos a seguir é um modelo de montagem de uma história que você pode usar para desenvolver sua própria gama de histórias de vendas poderosas. Para combinar com a tendência bem assentada do cérebro de se afastar da dor e do desconforto e ir em busca de recompensa, sua história precisa incorporar essas forças motivadoras. A estrutura é uma narrativa que apresenta uma série de eventos conectados num formato claro de causa e efeito. Isso foi capturado numa estrutura chamada "Mapa neurovendas de história de vendas" (ver Figura 11.5). Ele apresenta os elementos que precisamos para que a história de vendas seja bem-sucedida:

➤ **Cliente:** se for possível, selecione um cliente cujas circunstâncias sejam as mais similares possíveis às do novo cliente a quem você está vendendo. Aproxime-se o quanto puder das circunstâncias pessoais, do porte da empresa e do setor. Por essa razão, talvez você precise desenvolver um banco de histórias que se adaptem aos diferentes clientes aos quais estiver vendendo. Para minimizar qualquer reparo que possa ser feito sobre uma eventual falta de similaridade, você pode se proteger dizendo: "Vejo que esse cliente não é exatamente como você, já que cada um dos nossos clientes na realidade é único. No entanto, acho que é suficientemente parecido para que você possa ter uma ideia do que fazemos".

➤ **Personagem e caracterização:** torne o personagem do cliente na história tão real e tangível quanto possível. Se tiver permissão para isso, utilize o nome real dele ou dela. Se não, diga algo como: "Por razões de confidencialidade do cliente não posso mencionar seu nome real, então vamos chamá-lo apenas de John". Quanto mais você puder dizer a respeito do cliente na história, mais o novo cliente a quem você está vendendo será capaz de identificar-se e ter empatia com esse cliente. Ao longo da história você pode ir acrescentando mais coisas ao personagem. Personagens podem ser apresentados por meio de uma descrição geral e também pelo relato de suas ações, falas ou pensamentos.

FIGURA 11.5 O mapa neurovendas de histórias de vendas

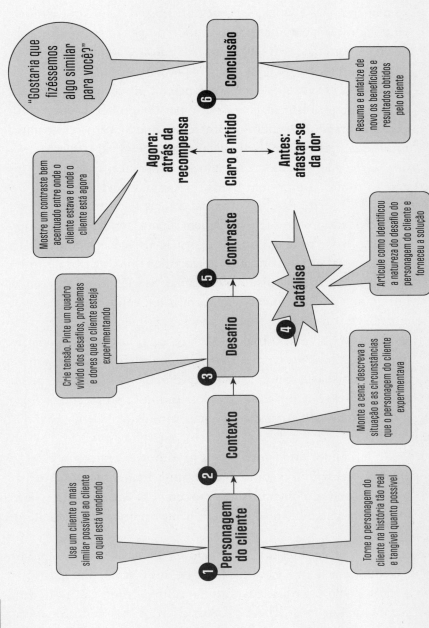

O processo de "neurovendas" amigável ao cérebro - quarta fase: Convencer

➤ **Contexto:** monte a cena da sua história. Descreva a situação e as circunstâncias que o personagem estava experimentando. Faça isso da maneira mais vívida que conseguir. Traga o cliente que está ouvindo a história para dentro do mundo do personagem, de modo que o cérebro dele (e o seu) comecem a ficar sincronizados.

➤ **Desafio (crie tensão):** agora você precisa pintar um quadro dos desafios, do problema e da dor que o personagem do cliente estava experimentando. Descreva os problemas que o cliente enfrentava; rotule e descreva as emoções negativas que eram experimentadas – dor, ansiedade, estresse, desespero, desesperança, frustração. Um enredo muito comum em livros, programas de TV e filmes é o chamado "enredo desafio", no qual o mais fraco triunfa, o herói passa dos farrapos à riqueza ou alguém supera grandes adversidades. Histórias desse tipo, em que os personagens vencem obstáculos e alcançam suas metas, têm muito apelo, e esse tipo de enredo é muito poderoso na criação de histórias de vendas. Se você quiser acrescentar um grande poder e impacto à sua história, conforme descreve as emoções que o personagem do cliente experimenta, busque experimentá-las você mesmo. Ao descrever a emoção, vivencie-a um pouco em você. Demonstre-a em sua voz, no seu rosto e com seus gestos e outros recursos de comunicação não verbal. Os neurônios-espelho no cérebro do ouvinte serão ativados. Tudo isso propicia uma forte motivação de "afastar-se da dor" que estimulará o cliente a agir.

➤ **Catálise:** aqui é onde você e seus produtos e serviços fazem sua aparição. É essa intervenção que precipita a mudança positiva que o personagem do cliente estava procurando. Articule como você identificou a natureza do desafio do cliente e propiciou uma solução.

➤ **Contraste:** faça uma descrição bem vívida da jornada do personagem do cliente ao ir de um lugar de dor e problemas para uma solução positiva e prazerosa. Busque conseguir um contraste bem acentuado que mostre bem os benefícios que seu produto, serviço ou solução trouxeram ao cliente. Descreva os ganhos obtidos em dinheiro, emoções e tempo. De novo, ao descrever as emoções que o personagem do cliente está experimentando, vivencie-as também você mesmo. Isso cria uma forte motivação "em busca da recompensa" que, combinada com a já existente motivação de "afastar-se da dor" estimulada por você antes, levará o cliente a agir. Enfatize os resultados que alcançou para o personagem do cliente na história.

➤ **Conclusão:** conclua com um resumo bem curto de onde o cliente estava e onde está agora. Enfatize de novo os resultados que você ajudou o personagem do cliente a alcançar. Depois, pergunte ao cliente a quem está contando a história se ele gostaria que você fizesse o mesmo por ele ou ela.

Você precisa manter sua história curta e agradável. Deixe-a com um a três minutos no máximo. Mais que isso a atenção do cliente pode começar a se dispersar! A seguir, um exemplo:

> Senhor Cliente, talvez a melhor maneira que eu tenho para lhe contar o que fazemos é narrar uma história curta sobre uma cliente que ajudamos há alguns meses. A senhora X é a diretora administrativa de uma empresa XYZ que fatura por ano mais de X milhões.
>
> Sei que eles não estão exatamente no mesmo negócio que vocês, mas é algo suficientemente próximo para que tenham uma ideia do que fazemos para ajudar empresas como a sua a melhorar seu desempenho de vendas.
>
> A senhora X entrou em contato conosco porque, como ocorre em muitos outros negócios, suas margens de lucro estavam sendo reduzidas por uma concorrência agressiva e os clientes dela endureciam mais as negociações. Embora seu time de vendas fosse muito experiente, o caso é que não estavam fechando tantos negócios como costumavam fazer. Mesmo seus profissionais de vendas mais veteranos vinham tendo dificuldades. Em resumo, a proporção entre os *pitches* de venda feitos e as vendas de fato fechadas despencou. E como seus profissionais de vendas estavam cada vez mais aflitos com isso, começaram a ceder às demandas dos clientes

para baixar seu preço. Ou seja, fechavam menos negócios e tinham menos lucro. A senhora X estava arrancando os cabelos. Havia tentado de tudo em que conseguia pensar para melhorar a situação, mas nada parecia funcionar. Ela estava ficando muito nervosa vendo que talvez tivesse que fazer muitos cortes em sua empresa a fim de sobreviver.

Ao entrarmos em contato com ela aplicamos nosso modelo único de avaliação da eficácia da força de vendas ao processo de vendas dela e aos seus profissionais de vendas. Ficou logo aparente que o elo fraco na cadeia estava na incapacidade de seus profissionais de vendas de diferenciar a empresa dela da concorrência e de negociar mais margens nos negócios que fechavam.

Então definimos de comum acordo alguns resultados comerciais robustos com a senhora X, de modo que todos tivéssemos clareza de qual seria a aparência que nosso sucesso teria. Fizemos uma série de oficinas interativas com o time de vendas dela e, usando nossa estrutura única de *pitch* de vendas baseado em neurociência, ajudamos a produzir proposições de valor que realmente fossem capazes de diferenciá-los dos concorrentes. Então realizamos algumas oficinas de negociação bastante exigentes, usando simulações muito realistas para aumentar a confiança e a competência deles. E, para termos certeza de que a aprendizagem era aplicada e havia sido incorporada, programamos sessões semanais e virtuais de revisão com eles, usando nossa plataforma on-line de treinamento para acompanhar seus planos e proporcionar *coaching* durante o processo.

Em três meses, havíamos ajudado o time de vendas da senhora X a colocar 4,6 milhões de libras de receita em seu funil de vendas e a acrescentar 3% à sua margem de lucro. A senhora X agora pode dormir tranquila sabendo que seu negócio está se expandindo e seus sonhos de ampliar o negócio poderão ser realizados.

Portanto, em resumo, é isso! Ajudamos um negócio em dificuldades a transformar sua capacidade de vendas e, como resultado, melhorar a receita e o lucro, conduzindo-o de uma situação frustrante e difícil para um negócio cujos profissionais de vendas iniciam seus *pitches* de vendas de modo confiante e fecham negócios com boas margens.

Bem, sei que a situação de vocês é única e que a solução ideal para sua força de vendas será, portanto, diferente, mas adoraria discutir com vocês como poderíamos trabalhar juntos para melhorar seu desempenho de vendas e seus resultados.

Espero que esse exemplo o inspire a criar sua série de histórias de vendas! Histórias como essa exercem apelo e impacto nas partes conscientes e inconscientes do cérebro de seu cliente. Se você tem um enredo bem construído em sua história, o cérebro consciente de seu cliente acompanhará o fio condutor desse enredo e ficará curioso para saber como foi que a pessoa em questão superou os desafios que enfrentava. A parte inconsciente do cérebro está reagindo a experiências emocionais que a história estimulou e se sente atraída pela jornada da história que leva a pessoa de um estado de desconforto a outro, confortável.

Histórias ajudam as pessoas a compreender e a relembrar. Causam uma impressão duradoura. Fui contatado recentemente pelo diretor de vendas de uma empresa que queria que eu fizesse minha palestra "Bare Knuckle Negotiating" ["Negociação com punhos descobertos"] na conferência de vendas anual de sua empresa. Contou que havia me visto falar num evento do setor há um mês e "simplesmente adorou" minhas histórias. Minhas palestras são propositalmente arquitetadas para conter uma série de histórias da vida real que uso para ilustrar pontos-chave e para educar e entreter minha plateia. É interessante notar que o que ele mais lembrava era das minhas histórias, e em razão disso quis me agendar para fazer o discurso de abertura para a sua força de vendas. De fato, tenho encontrado pessoas que me viram falar há vários anos e muitas vezes comentam que o que mais recordam é "daquela história que você contou a respeito de...". Quer ser lembrado por seus clientes e potenciais clientes? – conte histórias para eles!

Se tudo correu conforme os planos, seu cliente deve agora estar convencido de que você é o fornecedor certo para ele e que seus produtos ou serviços irão lhe proporcionar a solução que está procurando. Sua tarefa final é conseguir seu comprometimento, que é o que veremos agora no Capítulo 12.

CAPÍTULO 12

O PROCESSO DE "NEUROVENDAS" AMIGÁVEL AO CÉREBRO – QUINTA FASE: FECHAR A VENDA

Costuma-se dizer que se você não consegue fechar vendas, então fundamentalmente não é capaz de vender. Este capítulo cobre o oitavo e último estágio do processo de "neurovendas" amigável ao cérebro e é dedicado ao assunto vital de levar o cliente a fazer um firme compromisso e entregar o negócio a você.

ESTÁGIO 8: CONFIRMAR E CONCLUIR

À medida que nos encaminhamos para o final do processo de vendas vamos nos aproximando da hora de pedir ao cliente que tome uma decisão.

Por favor, lembre-se de que as pessoas compram fundamentalmente: 1) uma solução para problemas ("afastar-se da dor"); e 2) boas sensações ("buscar recompensa"). Portanto, é importante, quando começar a concluir seu *pitch*, fazer um resumo: 1) da motivação de "afastar-se da dor" – relembre-os da dor da qual querem se afastar tomando a decisão certa; e 2) da motivação de prazer "em busca da recompensa" – lembre-os do prazer e do conforto que podem obter tomando a decisão certa.

Invocar o princípio do medo da perda descrito no Capítulo 10 também proporciona um estímulo poderoso para agir. Pesquisa de Daniel Kahneman e Amos Tversky, na Universidade Hebraica, mostrou que a dor da perda era aproximadamente duas vezes mais poderosa como força motivadora que o prazer do ganho ou recompensa, e que essas eram forças poderosas para determinar as decisões das pessoas. Deram ao conceito o nome de "aversão à perda".

Nas tomadas de decisão humanas, as perdas intimidam mais que os ganhos.

(Kahneman, Slovic e Tversky, 1982)

Portanto, procure primeiro enfatizar as perdas que eles terão se nada for feito para melhorar a atual situação e remover os problemas e os efeitos que estão causando ao cliente. Procure introduzir uma dose saudável de impacto de longa duração – "Com base nos números que discutimos, calculo que nos próximos dois anos vocês perderão em torno de 175 mil libras em receita que deixarão de ganhar" – e então a panela "afaste-se da dor" deverá estar fervendo!

Em seguida, forneça um lembrete da natureza atraente do cenário futuro que os clientes experimentarão quando tiverem tomado a decisão certa, quando o problema e a dor correspondente tiverem sido removidos e eles estiverem curtindo os resultados, o prazer e o conforto da sua solução. Talvez você queira fazer uso das imagens de prazer e recompensa de sua apresentação de vendas. Quando o cérebro espera uma recompensa (seja comida, sexo, dinheiro ou interações sociais positivas), ele gera dopamina pela expectativa – daí a profusão de imagens de recompensa que são utilizadas na publicidade! Não estou sugerindo que você encha seu *pitch* de vendas com fotos de modelos seminuas, mas o cérebro reptiliano e límbico sente atração por fotos de boa qualidade mostrando desdobramentos e resultados prazerosos (dinheiro, realização, rostos sorridentes ou acolhedores, prêmios, status etc.).

A dopamina é a droga do desejo e ela é importante para colocar o cérebro num estado de "busca de recompensa". Para maximizar a transição de "afastar-se" para decidir "buscar", maximize a sensação de certeza dos clientes minimizando a ameaça (enfatizando a certeza como descrevemos anteriormente) e então mostre as recompensas que eles podem esperar obter. Fazer referência às recompensas ajuda a disparar a liberação de dopamina e de desejo pelo seu produto. Pesquisas têm mostrado que uma recompensa inesperada ou surpreendente libera mais dopamina que uma recompensa já prevista, portanto, é uma boa ideia manter um benefício de reserva e acrescentá-lo quando os clientes não estiverem esperando por isso. Por exemplo, quando resumir sua oferta, espere até concluir, verifique com os clientes se suas necessidades foram atendidas por sua solução e então acrescente esse benefício extra inesperado – por exemplo, "Ah, e eu estava esquecendo de mencionar: quando você faz seu pedido, recebe também...". Isso dispara uma maior liberação de dopamina e do correspondente desejo, o que será útil quando você solicitar dos clientes a formalização de seu compromisso.

Um ponto importante é que as pessoas também compram quando estão convencidas de que os benefícios que irão ganhar excedem o custo da compra. Por isso seu *pitch* de vendas tem que comunicar fortemente o valor e um retorno quantificável do investimento. Precisa mostrar ao cérebro do cliente que os benefícios superam de longe a "dor" do preço da compra!

Forneça ao cérebro do cliente um próximo passo desimpedido, claro, e use isso para confirmar ações de ambos os lados e concluir ou fechar o negócio. Na minha experiência, a conclusão final ou fechamento do negócio costuma resumir-se a algo tão simples como perguntar ao cliente se ele está confortável em seguir adiante e de acordo com o que for preciso fazer para que isso aconteça. O "fechamento" não precisa ser (e não deve ser) uma espécie de *crescendo* dramático que acontece no final do processo de vendas. Ao contrário, defendo que isso vá sendo feito por meio de várias verificações com os clientes ao longo de todo o processo de venda, obtendo feedback deles sobre como estão se sentindo a respeito do que está sendo discutido. O processo que eu sigo envolve:

1 Fazer perguntas para testar;

2 Fazer perguntas tentativas sobre a conclusão ou fechamento;

3 Fazer perguntas finais sobre a conclusão ou fechamento do negócio.

Perguntas tentativas devem ser usadas ao longo de todo o processo de vendas para testar e verificar se você está no caminho certo. Exemplos:

➤ "Como se sente a respeito disso?"

➤ "Isso faz sentido até aqui?"

➤ "Isso parece ir na direção correta?"

Perguntas tentativas a respeito da conclusão ou fechamento são usadas para testar o conforto dos clientes em relação a tomar uma decisão e partir para a ação. Você não está perguntando ainda a respeito do negócio; está verificando se quando de fato perguntar a respeito disso eles dirão "sim"! Exemplos:

➤ "É isso o que vocês estavam procurando?"

➤ "Se conseguirmos obter as especificações que vocês citam, o quanto estamos perto de avançar?"

➤ "Se pudéssemos fazer isso, vocês teriam interesse?"

Perguntas tentativas para chegar a conclusões ou ao fechamento também ajudam a destacar quaisquer áreas de preocupação ou hesitação que os clientes possam ter.

A pergunta final para a conclusão ou fechamento do negócio é usada para obter o compromisso final do cliente, isto é, fechar o negócio e emitir a nota. Como resultado das perguntas tentativas sobre a conclusão ou fechamento que tiver feito até aqui, você terá uma boa ideia do nível de conforto do cliente.

Eu faço um monitoramento dos níveis de conforto e interesse dos clientes durante a venda toda, prestando muita atenção ao seu comportamento verbal e não verbal (mais sobre isso no Capítulo 14), observando e ouvindo à procura de indicações positivas de que estão interessados, sentindo-se confortáveis e prontos a tomar uma decisão. Na literatura de vendas, são os chamados "sinais de compra" – assentir concordando, usar linguagem positiva ou sons como "Sim", "A-hã" ou "Certo", inclinar-se na sua direção e do seu produto ou apresentação, mostrar-se animado, falar mais rápido e com maior empolgação sobre seu produto ou serviço, avançar para tocar o produto, fazer anotações, calcular números e fazer perguntas.

Depois que você tiver feito perguntas tentativas a respeito da conclusão ou fechamento e estiver vendo e ouvindo um bom número das indicações positivas acima descritas, talvez seja uma boa hora para fazer uma derradeira pergunta de conclusão ou fechamento. Exemplos:

➤ "Gostaria de prosseguir agora?"

➤ "Gostaria, então, de experimentar?"

➤ "Que tal começar imediatamente?"

➤ "Quando você gostaria de começar?"

O processo de questionamento em três passos, com um cuidadoso monitoramento dos níveis de conforto e de interesse dos clientes, é uma combinação muito efetiva. Depende de você solicitar dos clientes a concordância deles. O princípio fundamental é que uma vez que você tenha certeza de que os clientes têm interesse e se sentem confortáveis, deve passar a concluir ou fechar a venda. Seja ousado e pergunte a respeito do negócio. Nunca saia de uma reunião com o cliente sem perguntar a respeito do negócio ou, no caso de ciclos de venda mais longos e mais complicados, sem concluir ou fechar acordo em relação a um passo que envolva uma ação clara e positiva que faça a venda avançar. Isto é, você ou sai com o pedido ou tendo feito a venda avançar concretamente. É isso o que profissionais de vendas fazem.

◢ Limite as escolhas se quiser que eles decidam

Se os cérebros dos clientes ficam sobrecarregados com muitas escolhas possíveis e muita variedade disponível, isso pode fazer com que hesitem e se sintam menos seguros, e que provavelmente adiem a decisão. Ter que escolher quando as alternativas são muitas gera confusão. Excesso de escolhas confunde, e a confusão leva à inação. Dê-lhes algo para comprar!

É importante conseguir um bom equilíbrio entre propiciar um grau de escolha positivo (o cérebro gosta disso, já que lhe dá algo para avançar e lhe dá controle sobre o que escolhe, portanto, também uma sensação de certeza) e oferecer uma profusão de opções que seja contraproducente.

Pesquisa de Sheena Iyengar e Mark Lepper (2000), das universidades Columbia e Stanford, respectivamente, concluiu que "pessoas que tinham mais escolhas com frequência se mostravam menos dispostas a decidir comprar o que fosse, e sua satisfação subsequente era menor quando eram confrontadas com 24 ou 30 opções, do que quando tinham apenas seis opções para escolher". Iyengar e Lepper acrescentam que "escolhas, à medida que exigem mais tomadas de decisões entre as opções, podem se tornar um fardo e em última instância se revelarem contraproducentes".

Neurocientistas sabem que há um limite para o volume de informação que pode ser sustentado e processado simultaneamente no cérebro. Como mencionado, vários achados de pesquisas concluíram que o número de itens ou "pedaços" de informação que seus clientes são capazes de manter na mente simultaneamente é limitado. Portanto, quanto menos pedaços de informação e menos fatores variáveis os clientes tiverem que manter na mente ao tomar uma decisão, mais fácil será para eles decidir.

Forneça uma escolha limitada no máximo a três opções principais. Isso é amigável ao cérebro, pois dá aos clientes uma sensação de autonomia e controle que facilita tomar a decisão de compra. Se você os sobrecarregar de escolhas, podem preferir a opção "não fazer nada".

Depois que os clientes tomam sua principal decisão de opção, fica mais fácil para os cérebros deles ajustar ou fazer alterações das características da opção principal, do que ter que escolher num mar de opções que, embora apresentadas com a intenção de ajudar, acabam sufocando. O mar de opções tem o propósito de oferecer o máximo de escolhas e, portanto, de possibilidades de compra. Mas o que isso faz é sobrecarregar o córtex pré-frontal dos clientes, aumentar seus níveis de incerteza e levar à paralisia da decisão ou ao adiamento.

Se você seguiu bem este processo até aqui, terá assegurado o negócio do cliente e fechado a venda. No entanto, só para ter mais certeza, o Capítulo 13 contém ainda mais algumas poderosas dicas de venda amigáveis ao cérebro, para você usar a fim de ganhar vantagens sobre seus concorrentes.

Quanto **menos pedaços de** **informação** e **menos fatores** **variáveis** os **clientes** tiverem que **manter na mente** ao tomar uma decisão, **mais** **fácil** será para eles **decidir**.

CAPÍTULO 13

MAIS DICAS DE VENDAS AMIGÁVEIS AO CÉREBRO

Só como garantia de que você conseguirá o negócio, aí vão algumas áreas adicionais a serem consideradas ao conceber e entregar seu *pitch* de vendas.

SEJA MARCANTE

Em algumas situações você pode ter que apresentar ou vender a um cliente (ou a uma comissão envolvida em tomar a decisão de compra) e não conseguir obter uma decisão naquele dia. O cliente talvez esteja avaliando vários fornecedores ou tenha a intenção de consultar todo mundo envolvido na tomada de decisão antes de continuar. Nesses casos, você precisa garantir que você, seu *pitch* e seus produtos e serviços sejam marcantes. O cérebro lembra particularmente de: 1) a primazia (a primeira coisa que ele vê ou que foi dita), portanto, você precisa iniciar seu *pitch* de vendas com um "gancho" de abertura forte ou algum benefício que seja relembrado; e 2) a coisa mais recente (a última coisa que ele vê ou que foi dita), portanto, você precisa concluir seu *pitch* ou apresentação de vendas com um resumo forte de seus benefícios principais e fatores de diferenciação.

Uma ocorrência comum para alguns profissionais de vendas é participar de uma situação de *pitch* competitiva, quando uma lista reduzida de fornecedores é convidada a fazer apresentações em sequência no mesmo dia. Os cérebros dos clientes precisam assistir a uma série de apresentações dos fornecedores e então tomam a decisão e selecionam um deles, o que coloca grande demanda nos recursos de energia do cérebro.

Isso também se aplica a qual parte do dia é uma boa hora para você fazer seu *pitch*. O ideal é que você seja o primeiro ou o último fornecedor a se apresentar. Se você acaba ficando engavetado no meio da série, provavelmente será menos lembrado e terá menor impacto. Você pode também considerar que no final do dia os cérebros dos clientes já começarão a ficar cansados e que isso terá impacto na capacidade deles de receber e processar sua mensagem.

Embora eu tenha sido bem-sucedido em vencer *pitches* competitivos realizados em todas as horas do dia, minha preferência pessoal é ser o primeiro fornecedor, quando os cérebros dos clientes estão mais receptivos, pois isso dá a oportunidade de moldar suas percepções a respeito do que precisam de uma maneira que favoreça minha proposta!

Por exemplo, num *pitch* recente, eu estava vendendo nossa competência e serviços para desenvolver o desempenho de vendas a uma empresa global de publicidade digital, junto com um colega. Sabíamos que um de nossos concorrentes era um especialista no setor. Esse concorrente conhecia o setor do cliente muito bem e tinha um histórico de trabalho nele. Consegui que nosso *pitch* fosse agendado para o início do dia e, tendo previsto (corretamente, como se constatou mais tarde) que o concorrente iria valorizar muito seu conhecimento do setor, ousei declarar que não éramos especialistas no mundo da publicidade digital. Disse que éramos especialistas em melhorar o desempenho de vendas e que aplicamos nossa experiência em transformar as forças de vendas em uma grande variedade de setores, trazendo novas ideias, novos enfoques e as melhores práticas a nossos clientes. Disse que como parte da nossa metodologia queríamos obter uma sólida compreensão do negócio e dos desafios que o cliente enfrentava, e que tínhamos um processo de consulta robusto que ajudaria o cliente a entender adequadamente que tipo de força de vendas era necessária para entregar a estratégia. Fazendo isso, consegui preparar e moldar a percepção do cliente a respeito do que eles queriam (isto é, as vantagens de ter um enfoque novo e sem viés), e quando ligaram para confirmar que havíamos conquistado o negócio fizeram referência especificamente à nossa capacidade de trazer um enfoque novo que iria diferenciar seus profissionais de vendas dos de seus concorrentes!

Os aspectos a seguir ajudam a ser marcante:

➤ **Ser incomum:** fazer ou dizer algo fora do usual (dentro dos limites do senso comum e do bom gosto!) fará você ser lembrado.

➤ **Repetição:** coisas que são repetidas tendem a se fixar na memória, portanto, articule seus benefícios principais e pontos de diferenciação várias vezes – no mínimo, por volta do início de seu *pitch*, durante e no final.

➤ **Emoção:** eventos associados a fortes emoções são mais marcantes, e você pode comunicar emoção por meio de seu próprio entusiasmo e paixão, e buscando modelar os estados emocionais envolvidos na história de seu cliente, como já descrevemos. Os neurônios-espelho no cérebro de seu cliente irão se acender, e a emoção será transferida de seu cérebro ao do cliente, tornando você e seu *pitch* de vendas mais marcantes.

MANTENHA AS COISAS SIMPLES

Faça um *pitch* de vendas simples, direto e fácil de entender. O cérebro do cliente gosta de conservar energia, portanto, não o obrigue a trabalhar demais. Mantenha suas explicações claras e evite usar jargão.

Seu material impresso ou visual deve ser claro e arejado, com muito "espaço em branco". Mantenha esse material desimpedido, sem dispersões, para não distrair ou confundir o cérebro do cliente.

Informações que dispersem ou sejam irrelevantes só servem para exaurir os recursos do córtex pré-frontal e interferir na aptidão de tomar decisões racionais. Se o córtex pré-frontal fica sobrecarregado, o cérebro do cliente recorre a escolhas automáticas ou inconscientes, que podem ser úteis ou não a você!

FAÇA MUDANÇAS

Tem sido difícil localizar pesquisas conclusivas a respeito do que seria um âmbito de atenção médio de um adulto, mas a pesquisa que realizei indica que ela fica em torno de cinco a dez minutos. Portanto, parece prudente planejar que ao longo de seu *pitch* você faça algum tipo de mudança ou movimento significativo a cada cinco minutos, mais ou menos.

Em razão do reflexo de orientação do cérebro (uma reação automática e involuntária a um novo estímulo que leva a um aumento da atividade cerebral e do nível de adrenalina), qualquer mudança ou movimento significativo recaptura a plena atenção do cérebro do cliente. Portanto, introduza propositalmente vários estímulos, como deixar a tela vazia na sequência de slides do PowerPoint, caso você esteja usando esse apoio (basta apertar a tecla B ou W no modo *screen display*), e parar diante da tela para reforçar algum ponto, ou ligar de novo a projeção do PowerPoint, ou se aproximar ou se afastar da plateia nos pontos principais. Também funciona andar de um lado a outro da sala (mais sobre isso adiante), tocar a apresentação, a *flip chart* ou a lousa branca com um marcador, ficar em pé e passar algo ao cliente em estágios específicos, e assim por diante. Ou seja, a fim de manter a atenção de seu cliente, dispare estímulos a intervalos regulares a fim de ativar o reflexo de orientação!

USE METÁFORAS

Uma metáfora é um atalho para a compreensão; ela pode tornar mais fácil para o cérebro do seu cliente compreender sua mensagem.

Numa metáfora, uma coisa é comparada a outra. Compreendemos coisas novas ou complexas relacionando-as a coisas que já conhecemos. Isso facilita entender coisas complexas ou não familiares. Por exemplo, num evento de *networking* conheci uma pessoa, agente de *joint ventures*, que atuava como intermediário entre duas empresas e as ajudava a trabalhar juntas, recebendo uma porcentagem do negócio ampliado. Essa pessoa usava uma metáfora para descrever a atividade envolvida: "somos uma agência de namoro para empresas!".

Você pode usar metáforas de várias maneiras. Por exemplo, ao negociar preços eu às vezes uso metáforas como "Você paga o preço de um Ford e recebe um Rolls-Royce", e em *pitches* de vendas você pode enfatizar os benefícios de um produto usando metáforas como "Nosso inovador processo de produção garante que as arestas do produto serão macias como seda!".

Se as metáforas que seus clientes usam, em qualquer estágio da descrição que fazem daquilo que consideram a solução ideal, são do tipo "Funciona como um reloginho!", então "aproprie-se" da metáfora e faça referência a ela, por exemplo: "Como vocês mesmo dizem, nossa solução vai funcionar como um reloginho!". As metáforas dos clientes são significativas para os cérebros deles, por isso vale a pena devolvê-las e associá-las aos benefícios da sua proposta.

USE TODOS OS SENTIDOS

Quanto mais sentidos você conseguir incorporar propositalmente a seu *pitch* de vendas, melhor. Quanto mais seu *pitch* for multissensorial, mais será envolvente para o cérebro do seu cliente.

◢ Ver

Use elementos visuais ricos, vívidos, claros, e avalie onde é melhor colocá-los. Pesquisa do doutor AK Pradeep (2010), da NeuroFocus, constatou que:

> colocar as imagens à esquerda e o texto à direita é melhor para um processamento rápido pelo cérebro. Isso porque os itens no campo visual à esquerda são percebidos pelo lobo frontal direito, enquanto o campo visual à direita é percebido pelo lobo frontal esquerdo. Como o lobo frontal esquerdo é especializado na maioria das pessoas para interpretações semânticas, enquanto o lobo frontal direito é especializado em processar imagens e iconografias, isso acelera o processamento e contribui para criar uma impressão emocional positiva.

◢ Ouvir

Varie a altura da sua voz [grave/agudo], seu tom, volume e velocidade, para criar interesse. Faça uma pausa para criar efeito depois de tratar de algum ponto essencial. Faça perguntas interessantes para envolver o cliente na apresentação.

Tocar

O tato é o sentido mais antigo do homem e o mais urgente e interno para a nossa sobrevivência e confiança. Toda vez que tiver a oportunidade de introduzir um elemento tátil, faça isso. Dê ao cliente algo para segurar, examinar, sentir o peso ou explorar. Se for entregar material escrito certifique-se de que está impresso em papel pesado, brilhante, de boa qualidade, que cause boa impressão como material atraente.

Cheiro e gosto

Se você está vendendo algo que incorpora esses sentidos, certifique-se de colocá-los em jogo. Embora não diretamente ligados ao meu *pitch* de vendas ou àquilo que estou vendendo, de vez em quando faço uso desses sentidos. Por exemplo, quando estamos escalados para fazer o *pitch* no final de uma série de outros quatro potenciais fornecedores, chegamos armados com uma caixa de docinhos. Expliquei ao cliente que havíamos considerado que eles estiveram ouvindo apresentações de fornecedores o dia inteiro, e como éramos os últimos não queríamos que ficassem desatentos, então trouxemos os docinhos para incrementar os níveis de açúcar no sangue! Isso tudo foi feito num clima bem-humorado e teve a vantagem de ser uma novidade – e de ser marcante. Conseguimos o negócio.

ASSOCIAÇÃO ESPACIAL

Um aspecto do funcionamento do cérebro humano é sua tendência a associar rapidamente uma coisa à outra. De fato, um dos pontos-chave do funcionamento da memória humana é a associação. Por exemplo, uma determinada música favorita pode ser fortemente associada a uma ocasião ou pessoa específica. Há uma música que é sempre tocada quando minha equipe de hóquei favorita entra para jogar. O estado de excitação que existe pouco antes do início de uma partida ficou associado a essa música em particular, e toda vez que a ouço meu cérebro começa a recriar o estado emocional de empolgação associado a ela.

Por exemplo, é possível associar quase qualquer estado emocional ou sentimento a alguma forma de "âncora" sensorial à qual você o tenha vinculado. O estímulo visual ou "âncora" de uma luz azul de viatura policial em seu espelho retrovisor tenderá a ser associado a um estado mental e a uma emoção particular!

Uma utilização poderosa dessa propriedade do cérebro é a associação espacial. Parte da minha estratégia no palco como palestrante profissional é associar alguns lugares ou espaços do palco a certas épocas, pessoas, estados emocionais e assim por diante.

Um exemplo que funciona muito bem em *pitches* de vendas é ancorar ou associar uma situação problemática atual ou passada ao lado esquerdo da área dentro da qual você faz a apresentação – por exemplo, à esquerda da tela na qual você está projetando os gráficos de seu PowerPoint. Você associará essa parte da sala no cérebro do cliente ao problema que está sendo experimentado, e esse será o lugar e a situação que irão proporcionar a motivação "afaste-se da dor". Então, você associa ou ancora o lado direito à solução futura. Assim, essa parte da sala fica associada no cérebro do cliente ao prazer, ao conforto e aos resultados que serão experimentados, e passa a representar a motivação "em busca da recompensa" (ver Figura 13.1).

Você cria a associação com "afastar-se da dor" ao discutir e descrever os problemas, desafios e dores que os clientes estão experimentando (demonstrando você mesmo o estado emocional negativo enquanto faz isso) apenas quando está em pé ou sentado nesse lado do palco. Os cérebros dos clientes logo associam essa área aos estados emocionais negativos decorrentes do problema. E você cria a motivação "em busca da recompensa" ao sair da área "afastar-se da dor" e ir para o outro lado da sala, que você definiu como associado a "buscar recompensa". Ao explicar e enfatizar os benefícios – e assumindo um estado emocional positivo, confiante e animado ao fazê-lo – você se posta sempre nessa localização. Os cérebros dos clientes logo associam essa área aos estados emocionais positivos prometidos pela solução.

Mais dicas de vendas amigáveis ao cérebro   219

FIGURA 13.1 Associação espacial

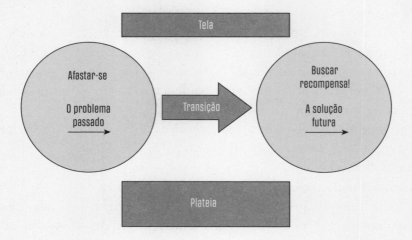

Você também pode associar a transição entre esses dois estados descrevendo o processo que seguirá ou a jornada que percorrerá com os clientes enquanto caminha do lado associado a "afastar-se da dor" e segue até o local associado a "buscar recompensa".

Os cérebros de muitas pessoas inconscientemente codificam o tempo ao longo de uma linha mental, colocando o que aconteceu no passado em seu lado esquerdo, e o futuro em seu lado direito. Essa parece ser a maneira segundo a qual o cérebro codifica e se relaciona com o tempo. Por exemplo, farão um gesto para cima e para a esquerda ao descrever eventos do passado e um gesto para cima e para a direita ao descrever eventos de seu futuro. Por essa razão, os problemas atuais (que logo farão parte do passado!) experimentados pelos clientes ficam espacialmente localizados à esquerda da plateia, e seu novo e luminoso futuro, localizado espacialmente à direita.

Isso inconscientemente envia a mensagem de que você é capaz de ajudar o cliente a fazer essa transição de seu atual problema negativo para uma solução futura positiva. Depois que tiver definido que essa é a localização positiva de "buscar a recompensa", faça questão de situar todas as conversas sobre a solução apenas nesse ponto da sala.

Se alguém da plateia durante o *pitch* de vendas fizer uma pergunta desafiadora, pare na área de transição "neutra" diante da sala (você quer que o local do futuro tenha apenas associações positivas "em busca da recompensa"), responda à pergunta e, enquanto enfatiza os benefícios positivos do que é capaz de fazer, volte ao local da "busca de recompensa".

Em alguns eventos nos quais sou convidado a falar, os organizadores me permitem falar sobre ou pedem para informar a plateia sobre meus livros, produtos ou serviços, para que possam comprá-los caso se interessem. Usando a associação espacial que acabei de descrever, quando falo a respeito dos problemas, desafios e frustrações que eu ou meus clientes experimentamos no passado, faço isso do lado esquerdo do palco (do ponto de vista da plateia). Então descrevo a jornada ou a transição que resolve os desafios conforme caminho devagar pelo palco em direção ao lado direito (do ponto de vista da plateia), onde concluo expondo o novo e positivo resultado que foi alcançado.

Por exemplo, ao falar da minha jornada de aprendizado como negociador, de iniciante inexperiente e tosco que "apanhava" dos clientes, até a situação atual de escritor best-seller, conferencista e consultor internacional, associo o passado à esquerda, descrevo a jornada de aprendizado e então falo do negociador mais confiante e capaz que me tornei quando já estou postado à direita do palco.

A condição de estar confiante e capaz é associada ao lado direito do palco (do ponto de vista da plateia). É desse ponto que descrevo e ofereço meus livros e produtos à plateia. Eles me viram narrar minha jornada de aprendizado, mostrando a experiência que acumulei em meu atual estado de capacidade e confiança. Seus cérebros logo associam esses estados positivos a meus livros e produtos, e o resultado é que sempre se formam filas de pessoas querendo me ver após minha fala para comprar!

Por favor, leve em conta que todo esse processo opera fora do campo de consciência da plateia. Exerce influência num nível inconsciente. Mas trata-se de uma estratégia proposital e calculada da minha parte. E você pode usá-la – é extremamente poderosa.

DÊ AO CÉREBRO DO CLIENTE ALGO PARA COMPLETAR

Quando sou solicitado a enviar aos clientes uma proposta por escrito, há duas coisas que sempre faço. Quem me apresentou essas duas ideias muito poderosas foi Chris Norton, com quem escrevi o livro *Bare Knuckle Customer Service* (2012).

Em primeiro lugar, chamo a proposta de plano, por isso, em vez de usar o título "Proposta de treinamento de vendas" prefiro "Projeto de plano de treinamento de vendas". Costumo chamá-lo de "projeto de plano", pois isso convida o cliente a se envolver nele e a contribuir. Isso aumenta a sensação de envolvimento e de propriedade do cliente.

Essa abordagem ousada comunica confiança de que seguiremos adiante com o "plano", e me permite introduzir o segundo elemento vital – um forte resumo de ações no final. Faço isso de uma maneira bem específica. O Quadro 13.1 é um exemplo real que mostra o resumo de ações que incluí numa proposta por escrito de oferecer um programa de treinamento de vendas a um novo cliente. Tudo o que fiz foi remover quaisquer referências específicas aos clientes por razões de confidencialidade.

Ao dar uma olhada nele você poderá notar várias coisas:

1 Ele detalha todos os passos concretos que precisam ser dados, quem é responsável por eles e quando acontecerão. Isso ajuda a aumentar a sensação de confiança e conforto do cliente de que tudo acontecerá conforme combinado.

2 Ele contém a muito importante avaliação dos resultados entregues, o que, mais uma vez, ajuda a aumentar as sensações de confiança e conforto do cliente.

3 As três primeiras ações estão marcadas e mostradas como concluídas. Isso cria a sensação de que houve ações empreendidas e que há progresso, embora nesse estágio o cliente ainda não tenha dado o sinal verde! Também deixa uma lista de ações a serem concluídas. O cérebro gosta de fechamentos e de coisas completas. Como mencionado, deixar as coisas por fazer ou sem conclusão (apenas as três primeiras ações foram marcadas como tendo sido concluídas) cria um desejo de fechamento no cérebro do cliente.

QUADRO 13.1 Exemplo de plano de ação

AÇÃO	PRAZOS	DONO(S) DA AÇÃO	CONCLUÍDA
Ligação inicial para discutir a solicitação	3 de outubro	Shirley Smith Simon Hazeldine	✓
Reunião para entender melhor as necessidades e os requisitos	7 de outubro	Andy Jones Simon Hazeldine	✓
Projeto do plano de ação revisado	11 de outubro	Simon Hazeldine	✓
Projeto do plano revisado	17 de outubro	Shirley Smith Andy Jones	
Acordo em objetivos comerciais e medições	20 de outubro	Shirley Smith Andy Jones Simon Hazeldine	
Conteúdo do programa, formato e prazos acertados	20 de outubro	Shirley Smith Andy Jones Simon Hazeldine	
Familiarização de Simon Hazeldine com produtos e serviços do cliente	27 de outubro	Shirley Smith Andy Jones Simon Hazeldine	
Design do programa e materiais produzidos	10 de novembro	Simon Hazeldine	
Datas do programa definidas	10 de novembro	Shirley Smith Andy Jones Simon Hazeldine	
Informar gerentes da linha de frente sobre participantes e prover uma visão geral do programa para sua revisão subsequente e acompanhamento	14 de janeiro	Simon Hazeldine	
Executar o programa para o Grupo 1	1 a 3 de fevereiro	Simon Hazeldine	
Revisão de avaliação do programa	10 de fevereiro	Shirley Smith Andy Jones Simon Hazeldine	
Executar o programa para o Grupo 2	7 a 9 de março	Simon Hazeldine	

CAPÍTULO 13

AÇÃO	PRAZOS	DONO(S) DA AÇÃO	CONCLUÍDA
Revisão de avaliação do programa	16 de março	Shirley Smith Andy Jones Simon Hazeldine	
Revisar progresso, mudanças comportamentais, status do funil de vendas e exigências de *coaching* com os gerentes de linha dos participantes (Sessão 1)	20 de abril	Simon Hazeldine	
Revisar progresso, mudanças comportamentais, status do funil de vendas e exigências de *coaching* com os gerentes de linha dos participantes (Sessão 2)	25 de maio	Simon Hazeldine	
Reunião de revisão para avaliar progresso em relação aos objetivos comerciais e objetivos acertados e combinar os próximos passos	31 de maio	Shirley Smith Andy Jones Simon Hazeldine	

Em um estudo de pesquisa de consumidores realizado por Joseph Nunes e Xavier Dreze (2006), foram distribuídos cartões de fidelidade a 300 clientes de um lava-rápido local. Toda vez que o carro era lavado o cartão de fidelidade ganhava um selo, e quando o cartão estava todo preenchido o cliente ganhava uma lavagem de graça. Foram criados dois tipos de cartões – um deles exigia 10 selos para oferecer uma lavagem grátis, mas já vinha com dois selos colados. O segundo tipo de cartão exigia que fossem colados oito selos para dar direito à lavagem grátis, mas não vinha com nenhum selo colado. Na realidade, os dois cartões ofereciam o mesmo incentivo – você lava o carro oito vezes e nós damos uma lavagem de graça. Era só a maneira de comunicar a oferta que diferia.

Os dados foram fascinantes. Depois de vários meses, apenas 19% dos clientes que haviam recebido o cartão de fidelidade com oito espaços para preencher e nenhum selo colado haviam feito visitas suficientes para ganhar sua lavagem gratuita. No entanto, 34% dos clientes que haviam recebido o cartão com 10 espaços e dois selos já colados tinham feito as visitas necessárias para ganhar sua lavagem sem pagar. E esse grupo levou menos tempo que o outro para concluir as oito compras!

Segundo Nunes e Dreze, perceber o programa de fidelidade como algo que já havia sido iniciado, mas estava incompleto, em vez de algo que ainda precisava ser iniciado, motivou mais as pessoas a completá-lo.

Embora meu resumo do plano de ação não seja um cartão de fidelidade, acredito que se produz um efeito similar. O cérebro do meu cliente sente-se motivado a completar o plano, o que é uma grande notícia para mim!

Portanto, é isso: você fez uma viagem bem-sucedida pelo nosso processo de neurovendas amigável ao cérebro. Por favor, reserve um tempo para aplicar o que aprendeu e incorporá-lo ao seu atual processo de vendas. Coloque em ação o que aprendeu e colherá as recompensas!

No Capítulo 14, vamos explorar a fascinante área da linguagem corporal e da comunicação não verbal e ver quais mensagens ocultas o cérebro do cliente nos envia a todo momento sobre sua disposição de fazer negócios conosco.

CAPÍTULO 14

A LINGUAGEM CORPORAL E O CÉREBRO VERDADEIRO

Você talvez esteja se perguntando por que um livro sobre o cérebro e vendas contém um capítulo sobre linguagem corporal ou, como seria mais exato descrevê-la, comunicação não verbal. Vendas é fundamentalmente um processo de comunicação, e (embora dados de pesquisa e opiniões variem) algo entre 60% e 80% de toda comunicação é não verbal.

A parte do cérebro primariamente responsável pela comunicação não verbal é o sistema límbico. Você deve estar lembrado que o sistema límbico é uma das partes mais primitivas do cérebro humano. É inconsciente e reativo. Por isso é às vezes chamado de "cérebro verdadeiro", já que a comunicação não verbal que ele gera (pelo menos inicialmente) não foi filtrada ou influenciada pelo pensamento de ordem mais elevada do córtex. O sistema límbico reage instintivamente ao que acontece no mundo ao seu redor e gera comunicação não verbal com base nisso.

A comunicação falada pode ser ponderada e estruturada antes de ser expressa. A comunicação não verbal é gerada pelo sistema límbico em tempo real e sem filtros ou qualquer interferência consciente. Com isso, tem maior pureza e nos fornece um insight poderoso naquilo que alguém está de fato pensando e sentindo. A comunicação não verbal do cliente pode nos dar dicas poderosas e úteis para adaptar e alterar nosso comportamento de vendas a fim de maximizar nossas possibilidades de sucesso.

Portanto, para começar, vamos definir o que é comunicação não verbal. Fundamentalmente, qualquer coisa que não sejam as palavras pode ser classificada como comunicação não verbal. Exemplos:

- Movimentos corporais;

- Contato visual;

- Expressões faciais;

- Gestos;

- Espaço interpessoal – ou proxêmica (mencionado no Capítulo 9);

- Paralinguística e dicas vocais – tom, inflexão, pausas, entonação, volume, ritmo, altura;

- Postura;

- Toques – em si mesmo ou nos outros.

Embora parte da comunicação não verbal seja cultural (por exemplo, o gesto de "positivo" com o polegar significa coisas diferentes em vários países) e parte dela seja idiossincrática, as indicações discutidas neste capítulo serão originariamente límbicas.

No Capítulo 9, começamos a olhar para a comunicação não verbal e de que maneira usá-la para fazer o cliente se sentir confortável conosco, de modo que não fosse desencadeada uma reação instintiva de ameaça. Neste capítulo mergulharemos mais fundo na comunicação não verbal, com foco em ganhar maior consciência dela, para poder coletar informações que nos sejam úteis.

A comunicação não verbal é um assunto fascinante e poderia facilmente preencher vários livros, mas este capítulo irá focar em alguns de seus aspectos a considerar do ponto de vista de vendas.

Um tema crucial ao longo deste livro tem sido pôr foco e utilizar o circuito inato, profundamente gravado no cérebro humano, de "afastar-se da dor" e "buscar recompensa". Este capítulo desenvolve mais esse conceito, identificando as comunicações não verbais que nos dizem quando os clientes estão se sentindo confortáveis ("buscando recompensa") ou desconfortáveis ("afastando-se") em relação a nós e àquilo que estão ouvindo. Ao detectar indicações não verbais ou demonstrações de conforto obtemos feedback para seguir adiante. Ao contrário, ao captar indicações não verbais ou demonstrações de desconforto precisamos desacelerar e avaliar melhor o que estamos fazendo.

Ao viajar de carro você deve ter experimentado o efeito daquelas faixas de alerta sonoro. Também conhecidas como "faixas para espantar o sono" ou faixas audíveis, são um recurso de segurança nas estradas que alertam os motoristas de algum perigo potencial na estrada ao causarem uma vibração e um som trepidante, transmitido pelos pneus do carro à carroceria. Costumam ser dispostas transversalmente à estrada, e quando você se aproxima de algum cruzamento ou rotatória essas faixas de alerta sonoro advertem você para que reduza a velocidade e tenha cuidado. Depois que você fica atento a esses indicadores não verbais de desconforto, eles funcionam como "alertas sonoros", que lhe dizem para desacelerar e tomar alguma providência para que o cliente se sinta mais confortável.

Além disso, é importante que você se certifique sempre de que sua comunicação não verbal exibe altos graus de conforto e confiança. Se você parecer confortável, isso enviará uma mensagem poderosa e em grande medida inconsciente de que você está confiante em relação aos seus produtos e serviços e confortável quanto à perspectiva de que são capazes de fazer o que você diz que fazem.

Você precisa ser percebido como uma autoridade confiante e competente, que transpira certeza! Os cérebros dos clientes ficarão reconfortados com isso e seguirão nessa direção. Os neurônios-espelho dos clientes começam a registrar essa sensação de conforto e certeza que vem de você, e também experimentarão isso eles mesmos.

Qualquer falta de conforto da sua parte será registrada, talvez num nível inconsciente, e essa sensação de desconforto e incerteza pode fazer você perder a venda. Por exemplo, se sua linguagem corporal está dissociada de suas palavras, seu cliente pode de modo consciente ou inconsciente registrar isso e decidir que não deve confiar em você.

Num artigo de trabalho da Escola de Negócios de Harvard, a professora assistente Amy Cuddy afirma que "um exame de 185 *pitches* de venda de dois minutos mostrou que capitalistas de risco estavam muito mais inclinados a investir em empreendedores que exibiam confiança, paixão e entusiasmo" (Cuddy, Wilmuth e Carney, 2012). Os clientes precisam comprar *você* antes de comprar seu produto ou serviço!

OBSERVANDO O CLIENTE

Para ganhar eficiência em observar a comunicação não verbal de nosso cliente precisamos ter em mente alguns princípios-chave:

➤ **Contexto:** a comunicação não verbal precisa ser observada tendo em conta o contexto que a pessoa está experimentando. Se, por exemplo, o cliente chega à reunião com você muito atrasado, transpirando muito e sem fôlego por ter vindo correndo do outro lado da rua para encontrá-lo, isso precisa ser considerado! À medida que você interage com seus clientes com maior frequência, começa a discriminar o que constitui a comunicação não verbal padrão dele, e pode então usar isso para compor um pano de fundo para qualquer comportamento que for exibido.

➤ **Grupos:** neste capítulo vamos descrever alguns comportamentos que poderiam ser indicadores de que o cliente está se sentindo confortável ou desconfortável. Um comportamento ou indicador por si só não deve ser tomado como evidência de que o cliente está se sentido de um jeito ou de outro. Procure ficar sintonizado em procurar "grupos" de comportamentos, que, considerados juntos, proporcionam uma evidência mais sólida de como o cliente está de fato se sentindo.

➤ **Mudanças:** preste muita atenção a quaisquer mudanças na comunicação não verbal, pois costumam indicar o estado interior que o cliente está experimentando. O indicador não verbal ou demonstração mais imediata costuma ser o mais preciso, já que foi gerado a partir do sistema límbico reativo, antes que o cliente tenha a oportunidade de exercer qualquer forma de controle ou influência consciente sobre ele.

➤ **Congruência:** preste atenção a qualquer diferença ou incongruência entre o que é dito verbalmente e o que a linguagem corporal do cliente está dizendo. Quaisquer diferenças precisam ser notadas. Se os clientes, por exemplo, dizem que estão confortáveis com sua proposta, mas demonstram altos níveis de desconforto não verbal, então este é um momento de faixa de alerta sonoro! Você precisa desacelerar e sondar com maior profundidade, fazer mais algumas perguntas, do tipo "Há algum aspecto da proposta que você gostaria que fosse alterado?". A incongruência não é necessariamente um sinal de mentira ou de alguma intenção de enganar (embora também possa ser – mais sobre isso adiante!); pode significar apenas que o cliente está desconfortável com algum aspecto da sua proposta e não se sente à vontade para compartilhar isso com você. O cliente Azul, por exemplo, prefere evitar qualquer conflito e pode não verbalizar algumas preocupações com você, por receio de ofendê-lo de algum modo.

Portanto, com isso em mente, vamos empreender uma jornada "da cabeça aos pés" pela comunicação não verbal de seu cliente!

◢ A cabeça

Quando os clientes se sentem confortáveis, podem inclinar a cabeça para um lado ou para o outro. Costuma ser um sinal amistoso, de conforto, ou uma tentativa de construir *rapport*, e há também quem acredite que se trata de um comportamento de submissão, bem como de um recurso de um jogo de sedução!

Se durante o *pitch* de vendas a cabeça do cliente de repente se ergue e endireita, isso pode indicar que viu ou ouviu algo que não lhe agradou.

◢ A testa

Quando alguém experimenta dor emocional ou física, seja diretamente ou ao sentir empatia por outra pessoa nessa situação, a parte central da testa [o cenho] se contrai. Por essa razão alguns falam em "músculo do pesar". A testa é um ótimo lugar para detectar se o cliente está se sentindo desconfortável, pois mostra informação límbica em tempo real sobre como ele se sente.

A testa franzida costuma ser um sinal claro de que o cliente está se sentindo desconfortável, ansioso, preocupado ou confuso. Se o cliente está confortável, a testa dele fica mais lisa, sem rugas (ver Figura 14.1).

A linguagem corporal e o cérebro verdadeiro

FIGURA 14.1 Testa franzida

◢ As sobrancelhas

Abaixar as sobrancelhas indica que o cliente pode estar discordando de você ou com dúvidas ou incertezas. E se ele ergue uma sobrancelha, pode ser sinal de ceticismo.

Sobrancelhas erguidas ou arqueadas geralmente indicam conforto, confiança e sensações positivas. Podem indicar também surpresa ou ceticismo.

◢ Os olhos

Eles têm sido descritos como o espelho da alma, talvez porque a retina dos olhos seja um prolongamento do prosencéfalo e, portanto, fitar os olhos de alguém poderia ser como ver dentro do próprio cérebro.

Os olhos coletam imensa quantidade de informações e as transmitem ao cérebro, mas também podem propiciar um útil insight sobre o que está acontecendo dentro do cérebro. Por exemplo, as pupilas se dilatam ou contraem reagindo às condições de luz. Mas também reagem a mudanças emocionais. Quando vemos coisas que nos excitam, que gostaríamos de ter ou que poderiam ser gratificantes, nossas pupilas se expandem mais do que o fariam normalmente. E se vemos algo que nos desagrada ou que achamos desconfortável elas se contraem mais que o usual. Essas mudanças são inconscientes, involuntárias e fora do controle, portanto, bons indicadores do nível de conforto ou desconforto do cliente.

Em seu livro *Manwatching*, o etólogo Desmond Morris (1978) menciona que os comerciantes de jade da China pré-revolucionária usavam óculos escuros de propósito, a fim de ocultar suas dilatações de pupila quando se empolgavam no momento em que uma peça de jade particularmente valiosa era mostrada. Antes de decidirem usar esse recurso, suas dilatações de pupila eram observadas conscientemente pelos vendedores de jade. Quando flagravam esse interesse, jogavam o preço lá em cima! Talvez tenhamos algo a aprender com esses profissionais de vendas de antigamente!

Quando os clientes se sentem confortáveis com o que estão vendo, os olhos e os músculos em volta ficam relaxados. Quando os clientes se sentem desconfortáveis, seus olhos e os músculos ao redor ficam tensos e eles podem entrecerrar os olhos. Esse fechamento maior das pálpebras é sinal de desconforto ou desagrado.

Entrecerrar os olhos é uma das formas daquilo que conhecemos como bloqueio ocular. Ele ocorre também quando os clientes cobrem ou protegem os olhos com as mãos e abaixam as pálpebras por um período prolongado (ver Figura 14.2). É uma reação instintiva e um comportamento arraigado, sempre que vemos algo que nos desagrada ou causa desconforto.

FIGURA 14.2 Bloqueio ocular

Você também pode avaliar a sinceridade dos sorrisos dos clientes checando se os olhos deles estão engajados no processo ou não. Quando um sorriso é genuíno e sincero (o chamado sorriso zigomático ou "de coração"), os cantos da boca do cliente ficam projetados para cima e se envolvem no sorriso, e os cantos externos dos olhos se enrugam formando um "pé de galinha". Se o sorriso é menos genuíno ou falso, ele não envolve os olhos e não aparecem os pés de galinha.

Quando estamos emocionados ou estressados (por exemplo, ao ficarmos excitados, ao mentir ou durante jogos de sedução), nossas pálpebras piscam mais rápido que a taxa normal (cerca de 15 a 20 piscadas por minuto) e podem até aumentar para mais de 100 piscadas por minuto.

◢ O nariz

Se os clientes se sentem desconfortáveis, talvez até estressados, tocam e massageiam o nariz com maior frequência (ver Figura 14.3). Não importa o que você possa ter lido ou ouvido dizer, tocar o nariz não é por si só um indicador confiável de que a pessoa está mentindo. É mais provável que seja um indicador de ansiedade e desconforto, talvez o resultado da crescente tensão que a pessoa experimenta quando mente.

FIGURA 14.3 Esfregar o nariz

Quando os clientes estão animados com alguma coisa, talvez você note que as narinas deles se dilatam. Isso parece ser uma reação à necessidade do cérebro de mais oxigênio. Pode também ser um sinal de que os clientes querem realizar alguma ação.

◢ A boca

Se os clientes se sentem confortáveis, seus lábios ficarão relaxados, soltos. Se o cliente está desconfortável ou ansioso, você vai notar que seus lábios ficam tensos, esticados, pressionados e parecem quase desaparecer (ver Figura 14.4).

Entre os sinais que podem denotar desconforto ou estresse estão lamber os lábios, passar a língua de um lado a outro dos lábios e entre eles, morder os lábios e ficar cutucando a boca com a mão.

◢ O queixo

Se os clientes ficam tocando ou batendo na ponta do queixo, isso costuma ser um sinal de que estão pensando e considerando, e deve ser interpretado como um indicador positivo de que estão avaliando com cuidado a sua proposta (ver Figura 14.5).

FIGURA 14.4   Lábios que desaparecem

FIGURA 14.5 Pose da mão no queixo de quem avalia algo

◢ O pescoço

Se os clientes se sentem estressados ou desconfortáveis, podem tocar ou tentar arejar a área do pescoço (puxando a gola da camisa ou da blusa). Quando os clientes levam a mão ao pescoço geralmente estão desconfortáveis com alguma coisa. Podem também esfregar ou coçar o pescoço atrás da orelha ao se sentirem inseguros a respeito de algo (ver Figura 14.6).

FIGURA 14.6 Coçar ou esfregar o pescoço

◢ Braços e mãos

Uma das expressões de comunicação verbal mais mal compreendidas é a de cruzar os braços. Ao contrário da crença popular, não é necessariamente um sinal de negatividade ou defensividade. Para algumas pessoas, cruzar os braços é uma postura cômoda ou reconfortante. Mas se os braços estão dobrados de uma maneira tensa ou parecem quase estar se agarrando com força, então é provável que se trate de uma indicação de desconforto.

Pode também ser um comportamento de bloqueio, isto é, uma defesa inconsciente contra algo que os clientes acham desconfortável. Eles também podem segurar uma pasta ou mochila à altura do peito para bloquear você (ver Figura 14.7). Esse é um sinal seguro de que estão sentindo algum desconforto.

Se os clientes apertam as mãos ou entrelaçam e mexem os dedos, então, sim, há uma boa indicação de que estão se sentindo desconfortáveis. Mas se esfregam as mãos espalmadas, isso pode indicar que preveem resultados positivos.

FIGURA 14.7 Bloqueio

Um sinal de frustração ou de que o cliente está retendo alguma coisa é quando ele junta as mãos com força diante dele, em cima da mesa ou no colo. Se você observar esse gesto, é uma boa hora para perguntar se o cliente tem alguma dúvida ou preocupação.

Um ponto que vale a pena ressaltar quando envolvido no processo de vendas – ou de negociação, que invariavelmente faz parte dele – é estar consciente de que gestos com as palmas das mãos abertas, visíveis, costumam ser associados a honestidade e franqueza. É como se os clientes dissessem "Não tenho nada a esconder". Se você falar com suas palmas das mãos voltadas para baixo, isso dará a impressão de que está mais no controle, e é algo que pode ser útil nas negociações, para ajudá-lo a expor e fazer entender seu ponto de vista.

O peito

Se o cliente está confortável com você e sua proposta, inconscientemente voltará o peito na sua direção. E ao se sentir desconfortável irá direcioná-lo de modo a não ficar de frente para você. O extremo desse comportamento é quando o cliente vira as costas. Sem dúvida, é um sinal preocupante!

Como adendo, uma pesquisa do ex-especialista em linguagem corporal do FBI, Joe Navarro (2009), mostra que as pessoas veem você como alguém mais aberto e honesto quando conseguem enxergar seu torso. Portanto, virar-se para as pessoas e desabotoar seu paletó permitindo o que Navarro chama de "exposição ventral" ajuda os clientes a se sentirem mais à vontade com você.

Os quadris

Se você vê seu cliente passando o peso do corpo de uma perna a outra ou fazendo mudar a posição dos quadris na cadeira (mesmo que sutilmente), é sinal de que está desconfortável com o que está sendo discutido ou mostrado.

As pernas

Se o cliente cruza as pernas de maneira relaxada e/ou deixando-as em posição baixa, geralmente é sinal de conforto (ver Figura 14.8).

FIGURA 14.8 Pernas cruzadas em posição baixa

Cruzar as pernas (tanto sentado quanto em pé) costuma indicar conforto. O ato de cruzar as pernas faz você tirar um pé ou os dois do chão. Se os clientes se sentem desconfortáveis, inconscientemente o sistema límbico fará com que ponham os dois pés bem plantados – quem sabe para que possam fazer uma fuga rápida, se preciso!

Um sinal de possível desconforto é quando o cliente cruza as pernas e coloca o tornozelo de uma perna no joelho da outra, transformando as pernas numa espécie de barreira entre ele e você (ver Figura 14.9).

FIGURA 14.9 Pernas cruzadas em posição elevada

Se as pernas do cliente estão relaxadas e esparramadas é sinal de conforto; se estiverem juntas e tensas, é sinal de desconforto.

◢ Os pés

Se os pés do cliente (e as pernas) estão apontados para você, é forte indicação inconsciente de que ele se sente à vontade com você e com o que você está dizendo. Se, ao contrário, os pés dele não apontam na sua direção, significa que não está confortável e que seus pés inconscientemente apontam na direção que ele gostaria de ir – para longe de você (ver Figura 14.10).

FIGURA 14.10 Pé não aponta para você

Portanto, é isso – uma jornada pelo comportamento não verbal de seu cliente, da cabeça aos pés!

Fique de olho bem atento e observe a comunicação não verbal de seu cliente. Procure sinais de conforto que indiquem que ele está se sentindo positivo em relação a você e à sua proposta. O corpo dele nesse caso exibirá sinais de "buscar recompensa". E se você vê uma configuração de exibições de desconforto, então isso precisa funcionar como se fosse um alerta sonoro de estrada, indicando que você precisa desacelerar (e talvez até dar meia-volta!), já que alguma coisa está deixando o cliente desconfortável. Portanto, quando observar isso, desacelere e faça ao cliente uma pergunta que permita saber como ele está se sentindo. Talvez ele tenha alguma questão ou preocupação que você possa resolver, que irá fazê-lo se sentir confortável de novo e permitir que a venda prossiga normalmente.

No Capítulo 15 vamos explorar como encaminhar uma venda à sua conclusão negociando de modo eficaz.

CAPÍTULO 15

NEURONEGOCIAÇÃO

Embora este seja um livro predominantemente sobre vendas, poderia parecer negligência da minha parte não incluir algum conteúdo sobre o tema da negociação. Vender e negociar são duas habilidades essenciais que você precisa dominar para prosperar como profissional de vendas. Vender e negociar são aspectos indissociáveis do processo de vendas. Embora os limites entre ambos não sejam nítidos, são dois estágios distintos que exigem dois conjuntos diferentes de aptidões.

Vender é convencer clientes a comprar um produto ou serviço, ou entrar em algum tipo de arranjo ou acordo com você. Vender pode ser definido como estabelecer uma necessidade ou desejo de compra (lembrando que as pessoas tendem a comprar o que querem, em vez daquilo que precisam), e depois fazer corresponder os benefícios de seu produto ou serviço àquela necessidade ou desejo. Esses benefícios e a maneira pela qual eles ajudam os clientes a obter o que querem devem estar bem articulados em sua proposta de vendas ou proposta de valor.

Negociar, por outro lado, é entrar em acordo quanto aos termos em que a compra, arranjo ou acordo serão feitos. Pode envolver vários fatores, como volume da compra, prazo e forma de entrega, frequência da compra, montante do pagamento, escalonamento dos pagamentos, níveis de serviço, configuração do produto ou serviço, e assim por diante.

Para maximizar sua margem de lucro, a regra de ouro é: primeiro venda, depois negocie. A razão dessa sequência é que quanto mais os clientes estiverem convencidos dos benefícios de seu produto ou serviço, mais provável é que se disponham a pagar por ele. Vender é comunicar o valor daquilo que você tem a oferecer. Quanto mais valor os clientes percebem que um produto ou serviço pode entregar, mais alto o preço que estarão dispostos a pagar por ele.

Em algumas ocasiões, simplesmente vender é suficiente. Você pode ser capaz de convencer os clientes a comprar seu produto ou serviço sem que haja nenhuma negociação. Mas, na maioria das atuais situações de compra, você será trazido para uma negociação.

Se for trazido para uma negociação cedo demais (e compradores experientes tentarão fazer exatamente isso), enfraquecerá seu poder de negociação e perderá a oportunidade de convencer os clientes dos benefícios (e, portanto, do valor) que seu produto ou serviço lhes trará. Para impedir isso, é importante focar em três diferentes estágios do processo de vendas. Eles têm uma sequência: planejar e preparar; vender; e, *depois,* negociar.

Ao longo do meu trabalho como palestrante e consultor, trabalhando com inúmeros profissionais de vendas, a situação que constato com a maioria deles é a ilustrada na Figura 15.1. Uma pequena quantidade de planejamento é realizada. Pela minha experiência, são bem poucos os profissionais de vendas que planejam e se preparam suficientemente bem para as reuniões com o cliente, e por isso a profundidade e a qualidade de suas vendas são limitadas. Então, com frequência, eles são arrastados cedo demais pelos clientes para o estágio de negociação (que restringe sua capacidade de comunicar valor), e os clientes então tentam fazer pender o braço da balança de poder a seu favor.

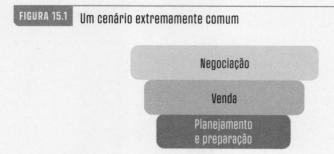

FIGURA 15.1 Um cenário extremamente comum

O cenário ideal é o ilustrado na Figura 15.2, quando os profissionais de vendas planejam e se preparam exaustivamente tanto para a venda quanto para o estágio da negociação. Eles, então, entram no estágio da venda podendo dedicar tempo suficiente para entender as necessidades e desejos do cliente e em condições de articular uma proposição de valor poderosa. Fazem a transição para o estágio da negociação maximizando as margens de lucro por meio de uma negociação conduzida de modo eficaz, construída sobre um firme alicerce de planejamento, preparação e venda de boa qualidade.

FIGURA 15.2 O cenário ideal

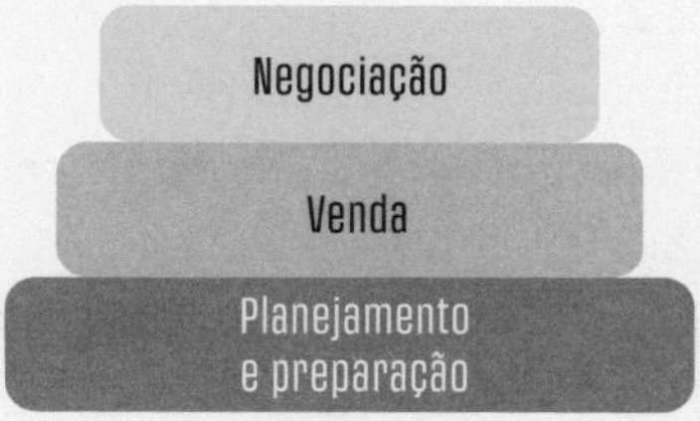

Se esse alicerce de planejamento e preparação é fraco, o estágio de venda geralmente é superficial e curto, e faz a balança da negociação pender em favor do cliente. Os clientes então aproveitam essa vantagem, e é inevitável que as margens de lucro dos profissionais de vendas sofram com isso.

Tratamos da importância do planejamento no Capítulo 8, e, se você arrumar tempo para construir um alicerce sólido de planejamento e preparação para as reuniões com seu cliente, sua capacidade de vender vai melhorar, o que o levará a se sentir mais forte e mais confiante no estágio da negociação. Quanto mais confiante você se sentir, melhor será sua margem de lucro.

POR QUE (A MAIORIA DOS) PROFISSIONAIS DE VENDAS NÃO SÃO BONS EM NEGOCIAR

Pela minha experiência, na maioria dos casos os profissionais de vendas simplesmente não são tão bons em negociar como precisariam ser. Por quê?

Num estágio inicial de sua carreira, profissionais de vendas são muitas vezes instruídos a "deixar o cliente feliz". São levados a acreditar que clientes felizes são bons clientes, e então fazem de tudo para aplacar clientes infelizes. Os clientes sabem disso e propositalmente deixam os profissionais de vendas desconfortáveis, e procuram se mostrar "insatisfeitos", como uma

Neuronegociação   245 maneira de inclinar a balança para o seu lado. Ou seja, usam o princípio "afastar-se da dor" e "buscar recompensa" com os profissionais de vendas. Criam uma situação desconfortável para os profissionais de vendas, e estes ficam motivados a se afastar disso e a encontrar uma maneira de buscar uma situação mais confortável (e, portanto, recompensadora). Nessa hora, tudo o que os profissionais de vendas precisam fazer para se sentirem confortáveis é dar ao comprador um preço mais baixo!

Os clientes (especialmente os compradores profissionais de departamentos de compras de empresas, com os quais os profissionais de vendas têm cada vez mais contato) tentarão encontrar um atalho no estágio de vendas para tirar os profissionais de sua zona de conforto e colocá-los na zona de negociação deles (desconfortável para os profissionais de vendas). Compradores experientes irão aumentar os níveis de desconforto o máximo possível, usando manobras e táticas psicológicas. Os profissionais de vendas, sentindo-se desconfortáveis, com frequência pagam para sair desse desconforto na forma (na melhor das hipóteses) de algum tipo de concessão financeira ou (na pior das hipóteses) de uma "concessão" sem reciprocidade. Eles literalmente pagam para sair do desconforto, mas o fazem com a margem de lucro de seu empregador. Para que os profissionais de vendas se tornem mais eficazes como negociadores, precisam reconhecer isso e "sentirem-se confortáveis em meio ao desconforto"!

DOIS GRUPOS DISTINTOS DE HABILIDADES

Vender e negociar envolvem dois conjuntos distintos de aptidões. Embora vender e negociar sejam indissociáveis, têm diferenças marcantes. Ao vender, tentamos persuadir, convencer, empolgar, justificar e explicar. Na negociação, ao contrário, declaramos nossa posição, avaliamos, fazemos propostas e ponderamos, e apresentamos demandas sobre o que queremos.

Na maioria das vezes, os profissionais de vendas estão bem menos confortáveis em negociar do que os compradores. A maior parte do treinamento que os profissionais de vendas recebem é dedicada ao processo de venda, e muito pouco tempo (se é que algum) ao processo de negociação. Já os compradores profissionais (e cada vez mais os profissionais de vendas se deparam com compradores profissionais) geralmente recebem treinamento apenas em negociação. Portanto, quando chegamos ao estágio de negociação do processo de vendas, geralmente são os compradores que estão em vantagem.

Como tive que passar incontáveis horas conduzindo simulações de negociação realistas e exigentes, vi muitas vezes profissionais de vendas barganhando sua zona de conforto – uma cena desagradável de se ver em termos de comportamento de negociação. Profissionais de vendas tendem a passar informações demais quando negociam, movidos por sua inclinação a convencer e vender. Agindo assim, perdem a oportunidade de coletar as informações necessárias que lhes permitiriam fazer propostas de negociação eficazes. Passam tempo demais pensando em coisas a partir de sua perspectiva e não investem tempo suficiente onde seu foco deveria estar – entrar no cérebro do cliente e compreender as coisas a partir do ponto de vista dele. Por seu turno, os compradores profissionais tendem a exercitar altos níveis de coleta de informações, o que lhes dá mais conhecimento e informação, que eles usam a seu favor. Em negociação, conhecimento é poder.

Para ser bem-sucedido ao negociar, você precisa compreender – compreender de fato – o que a outra pessoa quer conseguir. Quando você compreende isso plenamente, é capaz de conceber um negócio que atenda às necessidades de ambos os lados. Se você falha em conseguir informações suficientes (como costuma ocorrer com profissionais de vendas), suas chances de garantir um negócio lucrativo ficam bem limitadas. Profissionais de vendas precisam pegar suas próprias intenções e objetivos e tirá-los da frente da sua mente, trazendo-os para a parte de trás. O que precisa estar em evidência na mente da pessoa de vendas são as necessidades e prioridades do cliente – e geralmente não é o que acontece.

A IMPORTÂNCIA DE SENTIR-SE CONFORTÁVEL NO MEIO DO DESCONFORTO

O cliente, ao se relacionar conosco nas situações de negociação, alavanca as poderosas forças motivadoras de "afastar-se da dor" e "buscar recompensa", por isso é importante que, em primeiro lugar, tenhamos consciência do poder dessas forças no nosso próprio comportamento. Depois de ler este livro, você estará bem ciente do poder dessas forças, e certamente procurará utilizá-las em seu proveito em situações de venda.

Em segundo lugar, precisamos tomar medidas para neutralizar seu impacto sobre nós e encontrar maneiras de usá-las para inclinar a negociação a nosso favor. Se criarmos um tempo para mentalmente "dar um passo atrás" e respirar fundo algumas vezes, conseguiremos fazer nosso córtex adquirir maior controle e influência. Precisamos tranquilizar nosso próprio "cérebro *gremlin*" e permitir que nosso córtex racional comande mais o espetáculo. Com isso, acalmamos e domamos os poderosos impulsos arraigados de nos afastarmos da dor e ir em busca de recompensa.

Quando começar a se sentir incompreensivelmente ansioso durante as negociações, lembre-se de que nosso cérebro de 100 mil anos de idade detectou o que ele instintivamente enxerga como uma ameaça potencial e está nos equipando para lidar com ela. Você vai sentir que está nervoso, sua boca vai ficar seca, seus membros vão tremer, você começará a transpirar, a respirar mais rápido e ter vontade de ir ao banheiro! Sente que pode ficar nervoso e assustado. Ou será que já está?

Ao deparar com algo que seu cérebro primitivo vê como um desafio, suas reações emocionais promovem em sua mente e em seu corpo uma série de alterações químicas para ajudá-lo a lidar com a situação. Isso envolve o cérebro, o sistema nervoso e as glândulas adrenais. Seu batimento cardíaco, músculos, energia e concentração são levados aos seus níveis mais eficazes. Quando defrontadas com uma ameaça real ou percebida, as partes mais primitivas de nosso cérebro desencadeiam a reação "ficar imóvel, lutar ou fugir". É seu instinto de sobrevivência gravado bem fundo que está sendo ativado. Essa reação ocorre não só em situações de real perigo, mas também em situações que percebemos como ameaçadoras. Apesar de vivermos em uma sociedade sofisticada e civilizada, ainda estamos usando nossos cérebros de 100 mil anos de idade. Isto é, ainda reagimos a ameaças percebidas da mesma maneira que nossos ancestrais neandertais!

Carregamos esses padrões de comportamento conosco desde tempos pré- históricos, como um mecanismo de sobrevivência eficaz, e ele funciona de modo automático sem precisarmos pensar. Essa reação automática era essencial quando você estava prestes a ser atacado por uma criatura pré-histórica, mas traz algumas desvantagens nas modernas negociações comerciais. Fomos programados ao longo de milhões de anos de evolução para sermos capazes de reunir instantaneamente velocidade e força adicional para enfrentar alguma ameaça. Quando defrontados com algum perigo, ou com algo que percebemos como um perigo, o corpo e a mente sofrem quase instantaneamente uma série de complexas mudanças químicas que nos ajudam a lidar bem com a situação. A glândula adrenal libera grande quantidade de adrenalina no sangue. Nossa respiração e pulso cardíaco se aceleram. Nossa pressão sanguínea aumenta, açúcar é liberado no sangue para fornecer energia adicional. Nossos músculos aumentam sua atividade, e nossos pulmões funcionam mais rápido. Nossas pupilas se dilatam para nos dar melhor visão, e nosso metabolismo é acelerado por nossos hormônios da tireoide. Alguns de nossos sistemas físicos, como o trato digestivo, são fechados, para permitir que mais sangue seja levado até os músculos. A digestão intestinal de alimentos desacelera, o músculo do esfíncter de nossa bexiga se contrai, nossos poros de suor se abrem e nossa saliva fica grossa e viscosa.

Note como essas reações físicas são as mesmas que associamos a estar assustado, nervoso ou ansioso. A boca fica seca, precisamos ir ao banheiro, transpiramos, temos náuseas e a respiração fica pesada, coisas comumente associadas a nervosismo, medo e a se sentir assustado. Na realidade, você não está realmente "assustado" ou "nervoso"; é apenas o efeito de hormônios como cortisol, adrenalina, noradrenalina e dopamina. Suas reações emocionais desencadearam essas mudanças químicas para ajudar você a lidar com a ameaça, quer ela seja real ou imaginada. Seu cérebro está tentando ser prestativo!

Portanto, quando você vai a uma negociação e sente como se estivesse nervoso, está na realidade interpretando incorretamente os sinais físicos. Esses sinais físicos são positivos; são seu cérebro e seu corpo "equipando-se" para ter bom desempenho sob estresse. Seu corpo e sua mente querem trazer seu batimento cardíaco, seus músculos, energia e concentração aos seus níveis mais eficazes.

Habitue-se a essa sensação; na realidade, você deve celebrá-la, já que ficar equipado positivamente lhe dará uma vantagem em termos de desempenho. Identifique que ela está acontecendo, assuma a sensação e não interprete equivocadamente como se fosse algo que você tivesse que afastar. Ao contrário, acolha essas sensações, sinta-se confortável em meio ao desconforto e você estará num estado mental forte a partir do qual poderá negociar melhor.

Neuronegociação

Como palestrante profissional, estou muito habituado a subir num palco diante de plateias grandes, até de mil pessoas. Toda vez que faço isso, experimento as mudanças químicas que acabei de descrever. Eu dou boas-vindas a elas, pois na realidade me ajudam, acredito que me dão uma "vantagem" quando estou no palco. E experimento essas mesmas sensações antes de um *pitch* de vendas ou negociação importante. Sou grato por meu cérebro estar fazendo o seu melhor para me apoiar na realização de um bom trabalho! Também acredito que isso significa que estou levando o *pitch* de vendas ou a negociação muito a sério, em vez de ficar arrogante ou complacente. Quero estar totalmente "ligado" ao fazer a palestra, o *pitch* de vendas ou conduzir a negociação, pois isso significa que assim meu desempenho terá um padrão bem mais elevado.

OS CINCO ESTÁGIOS DA NEGOCIAÇÃO

Se você quer melhorar sua capacidade e confiança como negociador, é vital compreender que a maioria das negociações percorre cinco estágios distintos. São eles:

➤ **Passo 1: planejamento e preparação:** são muitos os negociadores que falham em planejar e se preparar adequadamente! Esse passo de vital importância costuma ser gravemente negligenciado, pois negociadores se inclinam a partir direto para a ação! Um planejamento e preparação eficazes são a marca do negociador profissional. Se você não planeja e se prepara adequadamente, só poderá reagir ao que acontece na negociação, em vez de liderá-la e controlá-la.

➤ **Passo 2: expor e/ou discutir ideias:** dependendo do tema e das pessoas envolvidas, esse estágio pode ser uma exposição de ideias relativamente tranquila ou uma discussão acalorada – ou algo entre esses dois extremos. Qualquer que seja a natureza da conversação, o propósito desse estágio de negociação é rever a questão (ou as questões) e trocar informações.

É uma boa prática fazer todo esforço possível para compreender o ponto de vista da outra parte e certificar-se de que a outra parte compreende bem o seu.

➤ **Passo 3: sinalizar e propor:** cada negociação em que você se envolve terá dois desfechos ideais possíveis – um que atenda a todas as suas necessidades e um que atenda a todas as necessidades da outra parte. Na realidade, o acordo final geralmente cai num ponto intermediário entre essas duas soluções ideais. Portanto, como negociador você precisa detectar sinais ou indícios da disposição da outra parte em considerar uma mudança de posição. Sinais costumam ser seguidos por propostas. Uma proposta é uma ação, abordagem ou processo sugerido que uma parte na negociação faz à outra. As propostas fazem as negociações avançarem. Sem elas, nada acontece!

➤ **Passo 4: barganhar:** esse estágio da negociação é caracterizado pelas duas partes negociando entre si. Vários itens são negociados, de modo que ambas as partes podem alcançar seus objetivos. A chave para uma barganha efetiva é dar para obter. Nunca faça uma concessão sem conseguir algo de valor igual ou maior em troca. Nada de brindes!

➤ **Passo 5: fechamento e acordo:** o fechamento é quando o acordo em avançar é alcançado. Nesse estágio você conseguiu o negócio!

A IMPORTÂNCIA DE PLANEJAR E PREPARAR

O estágio mais importante de todo o processo de negociação é o Passo 1: planejamento e preparação. Até 90% do seu sucesso como negociador está relacionado à qualidade do planejamento e preparação que você fizer previamente à negociação.

A seguir, alguns dos elementos vitais que negociadores profissionais incluem em seu planejamento e preparação:

➤ **Objetivos:** o que especificamente você quer conseguir e como vai medir seu sucesso? Faça questão de anotar seus objetivos, pois isso fará com que soem mais concretos. Objetivos pouco claros costumam levar a resultados pouco positivos. Também é de importância vital considerar os objetivos que a outra parte pode ter e então verificar se são corretos durante o estágio de discussão. Saia da sua cabeça e entre na cabeça da outra parte!

Neuronegociação

➤ **Parâmetros de negociação:** como a maioria das negociações cai em algum ponto entre os dois desfechos ideais para cada uma das partes, é importante considerar a faixa dentro da qual é possível haver negócio. Defina seu desfecho ideal (o que "gostaria" de conseguir), um desfecho realista com base no que você sabe até o momento (o que "pretende" conseguir) e finalmente o ponto do qual você não arreda pé (o que obrigatoriamente "precisa" conseguir). Então considere qual é a provável faixa da outra parte.

Se você não consegue garantir o que "precisa", então é melhor cair fora. Nem todos os negócios valem a pena. Por exemplo, é uma boa ideia refletir bem, com antecedência, sobre suas opções: o absoluto mínimo que você está disposto a aceitar, um preço realista que dê a você uma margem razoável e, por fim, um preço ambicioso que entregue uma margem muito boa. Você pode então abrir seu preço de negociação acima do valor que "gostaria" e negociar a partir dele.

➤ **Áreas negociáveis:** quais são os elementos em torno dos quais a negociação se orientará – por exemplo, extensão do contrato, especificações e assim por diante? Liste as áreas que são importantes para você e aquelas que prevê como importantes para a outra parte. Durante a negociação você tentará obter algo daquilo que quer em troca de algo que a outra parte deseja ter de volta. Calcule quanto cada concessão custará para poder ter certeza de sempre obter em troca algo que tenha valor igual ou maior.

Embora possamos adentrar bem mais no assunto do planejamento e preparação para negociar, se você se comprometer a sempre levar em conta essas áreas vitais, sua confiança aumentará e isso permitirá que você feche negócios bem mais lucrativos.

OS QUATRO TIPOS DE NEGOCIADOR

Nos Capítulos 6 e 7 vimos as quatro diferentes "cores" ou preferências comportamentais que encontramos em nossos clientes. Examinamos com algum detalhamento como identificá-los para então adaptar nosso comportamento ao vender a essas diferentes preferências comportamentais.

Agora, permita-me acrescentar a isso algumas considerações que é bom ter em mente ao negociar com essas quatro diferentes preferências comportamentais, o que é distinto de vender a elas.

O negociador Verde

Negociadores Verdes são mais extrovertidos, mais sociáveis e espontâneos. Faça esforços adicionais para manter esse relacionamento positivo com eles durante a negociação, pois a tensão que às vezes acompanha as negociações pode estimular neles seus medos de rejeição. Eles não gostam de abordagens confrontacionais à negociação, preferem buscar soluções e ideias criativas em vez de ficar debatendo!

Como eles gostam de escolhas e de opções, estarão abertos a examinar soluções novas e criativas. Esse tipo de comportamento será sufocado se eles se sentirem tensos: daí a necessidade de introduzir um foco positivo adicional ao relacionamento. Permaneça positivo e animado durante a negociação.

O negociador Azul

Negociadores Azuis são mais tranquilos, abertos e calorosos. Faça esforços adicionais para melhorar o relacionamento existente, pois eles dão importância a isso. Eles são a preferência comportamental que se sente mais desconfortável com conflito e confronto, e evitam isso a todo custo. Procure se ajustar à natureza tranquila deles.

Provavelmente vão querer ouvir primeiro a sua opinião ou proposta, e se dispor a considerá-la exaustivamente antes de responder. Seja aberto e honesto em suas colocações; eles precisam confiar em você.

Eles são negociadores pacientes e firmes e não têm pressa. Com frequência querem se consultar com outras pessoas para obter a opinião delas antes de fechar a negociação.

Não gostam de mudanças radicais ou de pressão, por isso, não faça pressão para que se comprometam. Negociações com a preferência Azul podem se estender mais, e talvez sejam necessárias várias reuniões antes que o negócio seja fechado.

O negociador Vermelho

Negociadores Vermelhos são duros em sua abordagem e querem, e esperam, assumir a negociação, ditar o ritmo e continuar o tempo inteiro no controle. Negociações com Vermelhos podem ser velozes e furiosas!

Se você tenta "lutar" com eles para ganhar o controle podem ter uma reação negativa. Paradoxalmente, você pode conseguir maior "controle" sobre negociadores Vermelhos se permitir que tenham a sensação de estar no assento do motorista. Lance mão de sugestões e de dicas sutis para direcioná-los para onde você quer que sigam. Ofereça opções para que possam exercitar escolhas, pois isso contribui para que se sintam no controle, e informe que está disposto a explorar diferentes abordagens para chegar a um resultado.

Eles podem parecer rudes, arrogantes e impacientes, mas isso se deve ao seu intenso foco na tarefa, em conquistas e resultados. Ajude-os a fechar um negócio que lhes permita ter a sensação de que "venceram" ao alcançar os resultados que precisavam, e com isso participarão mais plenamente.

O negociador Ouro

Pode ser desafiador lidar com negociadores Ouro, pois negociam usando fatos, dados e comprovações. Você precisa ter tido bom planejamento e preparação (e eles são mestres nisso!) e estar pronto a responder a uma série de perguntas detalhadas.

Eles querem chegar ao negócio certo e tomar a decisão certa logo de cara, portanto, querem ter certeza, e tentarão conseguir isso coletando provas e evidências concretas. Você precisará ser muito paciente. Eles resistirão a qualquer tentativa sua de fazer com que as coisas avancem mais rápido.

Eles podem muito bem querer discutir os mínimos detalhes, mas, depois que as perguntas deles forem respondidas e tiverem as informações que precisam, passarão a se sentir confortáveis em avançar em alguma proposta na negociação.

Podem parecer frios e distanciados emocionalmente como negociadores, mas isso é apenas o primeiro impacto de seu estilo comportamental preferido, que está sendo amplificado pelas exigências da negociação.

OS DIFERENTES ESTILOS DE NEGOCIAÇÃO

Bons negociadores são capazes de flexibilizar seu estilo de negociação conforme a necessidade. Por exemplo, se você faz uma compra transacional pontual, como adquirir um carro, uma casa, uma nova cozinha, na qual você não continuará mantendo relacionamento com a outra parte, pode escolher adotar uma abordagem dura, de barganhar sem concessões. Isso é às vezes chamado de estilo "ganha/perde". É caracterizado por jogos de poder, intimidações e táticas obstinadas.

O lado negativo desse estilo é que, como a parte mais primitiva do cérebro é muito ativada, a confiança e a flexibilidade ficam reduzidas. É um estilo no qual eu só me beneficio se você perder. Eu ganho mais se você ganhar menos. Fica evidente o quanto essa situação estimula o cérebro reptiliano e emocional, e é por isso que esses estilos de negociação podem ser muito combativos.

Negociações que envolvam relacionamento de prazo mais estendido exigem um estilo diferente, que busque entregar resultado para ambas as partes, encontrar, criar e agregar valor ao negócio. O relacionamento costuma ser chamado de estilo "ganha/ganha". Para ser bem-sucedido nesse estilo você precisa manter sua negociação amigável ao cérebro, restringindo a reação decorrente de ameaça percebida, e controlar o quanto possível o cérebro reptiliano e emocional.

Embora na realidade o tema do estilo de negociação seja mais complexo do que uma simples divisão entre estilos ganha/ganha e ganha/perde, essa definição mais ampla proporciona um bom modelo funcional para o nosso uso.

O EQUILÍBRIO ENTRE PODER E CONFORTO

O poder, ou melhor, a percepção do poder, tem grande peso no sucesso da negociação. Invariavelmente, as pessoas que percebem que estão numa posição de maior poder conseguem o melhor negócio. Mesmo que se trate de uma abordagem "ganha/ganha" isso não quer dizer que tudo fique dividido de maneira igual e justa. O resultado ganha/ganha é quando ambas as partes deixam a negociação sentindo-se confortáveis ou pelo menos tendo feito um negócio aceitável. O desafio é concluir a negociação ganha/ganha com o prato da balança a seu favor!

Neuronegociação

Portanto, é importante você comunicar poder de modo eficiente, para que a outra parte perceba você como o lado mais poderoso. Grande parte dessa percepção será inconsciente e, portanto, baseada no que os cérebros reptiliano e emocional captarem.

Por outro lado, também precisamos continuar mantendo o cérebro do cliente sentindo-se o mais confortável possível. O estágio de negociação tende a ser o mais desconfortável ou ameaçador para o cérebro do cliente.

Se não tivermos cuidado, é muito fácil dispararmos uma reação de ameaça no cérebro do cliente, com consequências que podem comprometer nossa capacidade de negociar bem com ele. Você deve estar lembrado de que quando os cérebros reptiliano e emocional do cliente ficam estimulados demais o córtex pré-frontal não funciona plenamente, e impede uma abordagem mais racional à negociação e à tomada de decisão.

Se isso acontece, os clientes têm maior dificuldade em acessar a memória de longo prazo, lembrar do que já foi acertado, são menos capazes de julgar, têm sua aptidão de resolver problemas comprometida, ficam mais suscetíveis a qualquer ameaça percebida e têm maior probabilidade de reagir negativamente.

Portanto, devemos procurar um delicado equilíbrio entre irradiar poder e confiança e ter ações que maximizem o conforto para o cérebro do cliente.

O QUE AUMENTA O CONFORTO

Para aumentar o conforto, continue a adaptar seu estilo comportamental para que combine da melhor maneira com o do cliente. As sugestões acima sobre como negociar com cada um dos quatro estilos de comportamento precisam ser incorporadas àquilo que você já aprendeu a respeito deles.

Evite qualquer linguagem, comportamento ou ação que irrite ou estimule o cérebro reptiliano ou emocional do cliente. Entre as coisas a evitar estão:

➤ Interromper;

➤ Falar enquanto a outra pessoa ainda não concluiu sua fala;

- Não ouvir o que a outra pessoa está dizendo;

- Ter atitude de confronto: "É pegar ou largar!";

- Marcar pontos para o ego: "Portanto, tenho razão, certo?";

- Desvalorizar o outro: "Isso nunca vai funcionar!", "Essa ideia é estúpida!";

- Ser sarcástico: "Bem, aposto que isso deu um trabalhão!";

- Ser provocativo: "Essa sua uma oferta não é nada generosa!", "O que você não considerou é que...";

- Usar linguagem que denote desdém: "Isso não nos interessa!", "Estou ouvindo o que você diz, mas...";

- Usar frases repetidamente: "Sim, já entendi isso...";

- Apontar o dedo;

- Gesticular rápido e em excesso;

- Elevar o tom de voz;

- Arregalar os olhos a toda hora;

- Aproximar-se demais da outra pessoa e invadir o espaço pessoal ou "território" dela;

- Aumentar demais o registro emocional (pense no impacto que isso terá nos neurônios-espelho do cliente!).

Se um ou mais desses comportamentos forem exibidos por um dos lados da negociação, então haverá sempre o perigo de que o outro lado contra-ataque. Quando os humanos estão sendo "pressionados" psicologicamente costumam "pressionar" de volta. Cerca de três dessas pressões psicológicas são suficientes para introduzir um ciclo de ataque e defesa, com o comportamento de um negociador provocando o outro, que, por sua vez, revidará, e então a coisa pode ir longe. Os sistemas reptiliano e límbico respondem a essa ameaça, e a negociação logo descamba, já que o córtex perde seu controle relativamente delicado sobre os procedimentos. Os humanos precisam apenas de umas três pressões desse tipo para que a situação degenere numa forte discussão ou numa briga. Se isso acontecer, peça um tempo para ambos os lados se acalmarem, faça uma pausa, respire fundo algumas vezes e coloque o córtex de novo no controle.

Uma alternativa melhor é evitar que essas situações se instalem pondo foco em comportamentos que aumentem o conforto. Entre as coisas que você pode fazer para aumentar o conforto durante a negociação estão:

⬧ Ouça com atenção plena o que a outra pessoa diz;

⬧ Use linguagem positiva e encorajadora: "Eu gostaria de explorar...", "Vamos ver como poderíamos fazer isso avançar melhor", "Minha intenção é conseguir entender bem sua posição sobre isso", "Estou empenhado em fazer o possível para que isso seja bom para nós dois";

⬧ Mantenha o contato visual, mas de modo confortável;

⬧ Sorria quando apropriado;

⬧ Sente-se em uma postura relaxada, ereta, aberta, pernas e braços descruzados;

⬧ Assinta quando a outra pessoa expressar algo com que você concorda;

⬧ Elogie a flexibilidade da outra pessoa: "Obrigado pela sua consideração";

⬧ Aproveite as sugestões da outra pessoa: "Essa é uma boa ideia, e a gente poderia estendê-la fazendo também...";

⬧ Mantenha uma modulação de voz calma e uniforme;

⬧ Fale num ritmo estável.

A seguir, alguns princípios de poder que talvez sejam usados com você ou que você pode usar para aumentar no cliente a percepção de seu poder.

O QUE AUMENTA O PODER

Um princípio que pode ser muito eficaz é usar as chamadas "poses de poder". Ele se baseia em pesquisa de Amy Cuddy, professora assistente da Escola de Negócios de Harvard (Carney, Cuddy e Yap, 2010; Cuddy, Wilmuth e Carney, 2012). Como descrito no Capítulo 14, nossa comunicação não verbal reflete como nos sentimos. Se a pessoa se sente poderosa, costuma adotar o que Cuddy chama de "poses de alto poder" – posturas e gestos abertos, expansivos. É como no gesto de vitória com as mãos e braços estendidos no alto, que um esportista faz ao vencer uma competição, ou o gesto de um poderoso homem de negócios reclinando-se em sua cadeira, com os braços na nuca e os pés em cima da mesa (ver Figura 15.3). Ao se sentirem poderosas, as pessoas se tornam maiores, expandem o espaço que seus corpos ocupam, deixando os membros esparramados e estendidos. Isso reflete e comunica o poder que sentem.

FIGURA 15.3 Pose 1 de alto poder

Uma exibição não verbal de poder muito explícita é ficar em pé com as mãos nos quadris e os cotovelos para fora (ver Figura 15.4). Combinada com uma postura ampla (quanto mais espaço entre as pernas, mais fortes parecemos), é uma exibição muito convincente e territorial. Você verá essa postura em pessoas com cargos de liderança e autoridade, como um sargento instrutor ou um policial. Uma variação é mostrada por membros da família real britânica, quando colocam os braços atrás das costas, com as mãos juntas.

Mas quando estão menos confiantes e poderosas, as pessoas assumem "poses de pouco poder", fechadas, recolhidas, com braços cruzados, ombros caídos, parecendo menores ao contrair o corpo (ver Figuras 15.5 e 15.6).

FIGURA 15.4 Pose 2 de alto poder

FIGURA 15.5 Pose 1 de pouco poder

FIGURA 15.6 Pose 2 de pouco poder

Esse comportamento não se restringe ao animal humano. Em todo o reino animal, primatas machos alfa estufam o peito, o pavão macho abre sua cauda colorida ou o cão submisso se encolhe no chão diante de um cão mais forte. Do ponto de vista hormonal, animais macho alfa têm níveis mais altos de testosterona (o que Cuddy descreve como "hormônio da supremacia") e mais baixos de cortisol (o "hormônio do estresse"). Quando um animal adquire o status alfa seus níveis de testosterona aumentam e os de cortisol diminuem. Se perde o status de alfa, ocorre o oposto.

Portanto, ao que parece, líderes têm níveis de testosterona relativamente altos, e níveis de cortisol baixos. São aquelas pessoas calmas e confiantes que entram em situação de potencial estresse sem reações adversas a ele.

Um estado tranquilo e confiante consegue o equilíbrio ideal entre conforto e poder. É um poder calmo e com autoridade por si só, que não tende a provocar reação adversa no cérebro reptiliano e emocional do cliente.

Cuddy e a equipe dela notaram que as poses de alto poder eram adotadas quando a pessoa se sentia poderosa, como um reflexo desse sentimento, mas ficaram surpresas ao ver que a adoção prévia de poses de poder ajudava as pessoas a se sentirem poderosas. Numa fascinante série de experimentos, os pesquisadores coletaram amostras de saliva dos sujeitos testados (homens e mulheres) para medir testosterona e cortisol. Pediu-se a alguns sujeitos do teste que adotassem "poses de alto poder" e a outros que adotassem "poses de pouco poder". As poses eram mantidas por dois minutos. Depois de alguns exercícios adicionais, coletava-se uma segunda amostra de saliva para comparar os resultados das duas coletas. Poses de alto poder aumentaram a testosterona em 19% e diminuíram o cortisol em 25%. Poses de pouco poder fizeram a testosterona diminuir e o cortisol aumentar. Em suma, as poses de alto poder faziam as pessoas se sentirem mais poderosas, e os níveis hormonais provavam isso.

Então, vamos ver como aplicar isso e vários outros princípios de poder:

➤ Adote uma pose de poder por pelo menos dois minutos antes de ir a uma negociação. Talvez a mais fácil de adotar seja a de mãos nos quadris da Figura 15.4. Ela pode ser adotada também antes da reunião, enquanto você está na sala de espera ou lobby do cliente.

➤ Não fique sentado enquanto espera ser chamado na sala de espera ou lobby ou aguardando a negociação começar. Continue em pé em sua pose de poder. Ficar em pé também mantém seus níveis de energia lá em cima e significa que quando o cliente vier ao seu encontro você estará no nível dos olhos dele.

➤ No reino animal, o macho alfa senta ou deita em terreno mais elevado, vendo de cima os membros subordinados do bando. Ficar em pé ao ser cumprimentado significa que você não fica "abaixo" do cliente nesse primeiro contato. Atente também para o velho truque do comprador de colocar profissionais de vendas numa cadeira mais baixa para ele se situar acima deles!

➤ Algumas pessoas tentam fazer um "aperto de mão de poder". virando a palma da mão delas para baixo ao oferecê-la. A única maneira de aceitar o cumprimento é de início virar a palma da sua mão para cima, no que é tido como um gesto de submissão. Mas a contra-partida é, no primeiro movimento para baixo do aperto, virar a mão da pessoa com gesto firme para a posição vertical normal.

➤ Controle o tempo da outra pessoa. Manter as pessoas esperando é um jogo de poder clássico. A mensagem é clara: "Vou recebê-lo quando puder, pois estou no comando". Se fizerem isso, você pode se ocupar com uma tarefa importante enquanto espera (um telefonema, por exemplo), e então, quando a pessoa chegar, fazê-la esperar até você concluir a ligação, ou então retrucar o blefe dela, dizendo que tem outra reunião para atender e sugerir reagendar.

➤ Controle a outra pessoa – marque o compromisso num dia e hora que caiba na sua agenda e não em qualquer data que a

Neuronegociação

outra pessoa oferecer (mesmo que você possa). Ao introduzir a pessoa na sala de reuniões faça uma série de solicitações à primeira vista cordiais a fim de fazê-la concordar com você – por exemplo, "Por favor, sente-se" (e aponte para uma cadeira específica), "Fique à vontade – tire o paletó" ou "Por favor, me passe a água". Todas essas ações já começam a exercer um sutil controle sobre a outra pessoa.

➤ Ao negociar, continue sentado de maneira expansiva e aberta. Estenda o braço sobre o encosto da cadeira ao lado, ou fique em pé e apoie um braço no cavalete da *flip chart* ou na lousa branca. Recline-se um pouco na cadeira e use o gesto de juntar as pontas dos dedos, sem tocar as palmas das mãos (ver Figura 15.7). Esse gesto é às vezes chamado de gesto de campanário, porque o formato das mãos lembra um pouco uma torre de igreja. Significa que você está se sentindo à vontade, que confia e está confortável com o que está dizendo. Foi observado que pessoas de status elevado costumam fazer esse gesto.

➤ Desacelere os movimentos do corpo e os gestos. Passe a impressão de que não tem pressa e que está no controle.

➤ Procure estabilizar o ritmo e o tom da sua voz. Entonações de voz para baixo dão a impressão de imponência, de um comando ou afirmação. Inflexões para cima indicam uma pergunta.

➤ Como descrito no Capítulo 14, gestos com as mãos espalmadas e voltadas para cima indicam abertura e honestidade, e gestos feitos com as palmas para baixo são percebidos como mais impositivos e dominadores. Portanto, ao fazer declarações ou propostas durante a negociação pode haver momentos em que um gesto com a palma da mão para baixo ajude a transmitir seu ponto de vista. Para máximo impacto, combine um gesto com a palma para baixo com uma inflexão de voz no registro grave!

FIGURA 15.7 Gesto de campanário (unir as pontas dos dedos)

- Aplique a pressão do tempo. Geralmente a pessoa com maior urgência em fazer negócio (por exemplo, o profissional de vendas que precisa alcançar a meta de vendas daquele mês) tem menos poder. Se você suspeita que a outra pessoa tem um prazo final a cumprir pode propor desacelerar as coisas para ver se há alguma reação.

- Preste atenção e veja se não está acontecendo um jogo do tipo policial bonzinho/policial durão. É quando um negociador faz o papel de policial bonzinho, gentil, acolhedor e amigo, e o outro faz o papel de policial durão, maldoso, desagradável, exigente e hostil. Isso alerta os circuitos enraizados no cérebro de "afastar-se da dor" e "buscar recompensa", que farão você oscilar para lá e para cá entre o policial bonzinho e o durão. Depois de um tempo, o bonzinho irá fazer uma oferta que parecerá atraente por ser preferível a ter outro embate com o policial durão. Na verdade, os dois operam juntos para embromá-lo! Se identificar isso, você pode até perguntar: "Ei, vocês estão fazendo o jogo policial bonzinho/policial durão, é isso mesmo?".

Ao monitorar com atenção o equilíbrio poder/conforto (usando os indicadores não verbais "afastar-se da dor" e "buscar recompensa" que vimos no Capítulo 14) você pode ir fazendo ajustes e obter um bom negócio.

O CLIENTE ESTÁ MENTINDO?

Quando falo sobre o assunto negociação, ou quando conduzo seminários sobre o tema, com frequência alguém pergunta se é possível detectar sinais verbais ou não verbais que indiquem que a pessoa com quem você negocia está mentindo.

Apesar do que você possa ter ouvido a respeito, a verdade é que ainda não foram descobertos indicadores não verbais infalíveis de que a pessoa esteja mentindo. Além disso, é preciso fazer uma distinção entre a intenção assumida de enganar e a intenção de ser prudente a respeito do tipo de informações que podemos revelar e de qual é a melhor hora de fazer isso durante uma negociação. Embora quanto mais franco você for, mais fácil será construir confiança numa negociação, há situações em que é mais aconselhável guardar as cartas que você tem na mão numa negociação e considerar a melhor hora para revelar certas informações. Portanto, às vezes uma justificada e prudente cautela comercial pode ser interpretada como manobra para enganar.

Dito isto, a seguir apresentamos alguns sinais que podem dar alguma indicação de que a outra pessoa não está contando a verdade inteira:

➤ **Altura da voz:** pessoas que mentem falam num tom de voz mais agudo que aquelas que dizem a verdade.

➤ **Velocidade da voz:** mentirosos falam mais devagar do que os sinceros.

➤ **Duração da mensagem:** as respostas dos mentirosos serão mais curtas que as dos que dizem a verdade, e com detalhes escassos. Tendem também a dar respostas mais gerais do que específicas.

➤ **Linguagem:** a linguagem dos mentirosos parece mais negativa que a dos sinceros.

➤ **Referências a si e aos outros:** mentirosos se referem menos a si mesmos e aos outros do que os que dizem a verdade.

➤ **Tempo de resposta:** mentirosos demoram mais tempo a responder a uma pergunta.

➤ **Hesitação:** mentirosos hesitam mais ao falar do que aqueles que estão dizendo a verdade.

➤ **Erros na fala:** a fala dos mentirosos contém mais erros que a dos sinceros.

➤ **Incongruências não verbais:** mentirosos deixam escapar incongruências não verbais, como assentir afirmativamente com a cabeça quando estão fazendo uma declaração negativa ou, ao contrário, deixando escapar uma micronegativa com a cabeça ao afirmarem algo.

➤ **Contato visual:** mentirosos piscam com maior frequência e a pupila fica mais dilatada do que os sinceros. Muitas pessoas acreditam que fugir ao contato olho no olho é sinal de que há intenção de enganar. Isso é bem conhecido, e mentirosos precisam se esforçar bastante para manter contato visual.

➤ **Gestos:** mentirosos tendem a gesticular menos, tocar menos a outra pessoa e mover braços e pernas menos que aqueles que dizem a verdade.

Por favor, como mencionado no Capítulo 14 sobre comunicação não verbal, lembre-se de manter olhos e ouvidos atentos às configurações de comportamentos descritas acima. É pouco provável que um só indicador signifique que a outra pessoa está sendo mentirosa. Mas se constatar uma configuração dessas indicações, vale a pena ter cautela adicional!

Para encerrar este capítulo, algumas dicas de negociação amigáveis ao cérebro que você pode aplicar:

➤ Defina seus objetivos, seja confiante e mire no melhor. Trabalhe o seu "gostaria", "pretende" e "precisa" e tente prever quais são os da outra parte.

➤ Seja firme e flexível ao mesmo tempo. Seja persistente em perseguir seus objetivos, mas não seja rígido em perseguir apenas uma solução em particular. Bons negociadores são negociadores flexíveis. Deve haver um jeito de dar a eles o que querem, mas acondicionado de uma maneira que funcione para você.

➤ Ouça mais do que fala. Preste atenção neles! Ser ouvido é reconfortante, pois mostra que você dá atenção a eles.

➤ Faça muitas perguntas diretas e ouça com atenção as respostas. Colete mais informação do que forneça, mas seja também tão aberto e honesto quanto for comercialmente prudente, a fim de aumentar os níveis de confiança e de conforto.

➤ Ponha foco nas necessidades que sustentam as posições que as pessoas assumem na negociação. Detecte quais são as necessidades, faça perguntas para descobrir por que são importantes e então veja se pode estruturar o negócio para atender às necessidades de ambas as partes.

➤ Faça resumos a intervalos regulares para esclarecer o que vem sendo discutido e dar um sentido de avanço, e para exercer um poder sutil seu sobre a negociação. A pessoa que faz resumos com maior frequência geralmente tem maior controle da negociação.

➤ Se as coisas esquentarem ou ficarem confusas sugira uma pausa. Dê um tempo lá fora. Respire um pouco de ar fresco, faça algumas respirações profundas e dê um descanso ao seu cérebro.

➤ Não dê nada de graça. Sempre dê para obter. Obtenha algo de valor igual ou maior para qualquer concessão que fizer. Faça suas propostas em tom condicional, usando o formato "Se vocês... então eu...": "Se vocês me derem os cinco anos de garantia e serviços de graça e a pintura metálica, então compro o carro". A pessoa tem que lhe dar o que você pediu para ganhar a concessão.

➤ Troque coisas que tenham baixo custo para você, mas sejam muito valorizadas pela outra parte e vice-versa. O que a outra parte tem que não lhes custa muito dar, mas tem muito valor para você?

➤ Estabeleça o princípio segundo o qual "Nada fica acertado até que tudo esteja acertado". Só quando cada um dos elementos do negócio tiver sido acertado é que você concordará. Isso evita que as outras partes manipulem e evitem as áreas pelas quais não têm interesse.

Depois que vocês tiverem chegado a um acordo, confirme verbalmente e verifique se tudo foi bem entendido. Em seguida, confirme por escrito e verifique se ambas as partes concordam com o acordo redigido. Então, sim, você fechou negócio! Agora tudo o que você tem a fazer é certificar-se de que você e a outra parte irão cumprir o que foi acertado.

Executar o que você prometeu fazer e de forma rápida e profissional continuará aumentando a confiança do cliente em você e a sensação de conforto que ele tem. Com o tempo, conforme aumentem os níveis de confiança e conforto do cliente em você, será erguido no negócio do cliente um "muro de defesa" de sensações positivas "em busca de recompensa" associados a você. As sensações positivas que o cliente obtém de trabalhar com você ajudarão a proteger seu cliente de ataques de seus concorrentes.

Como qualquer profissional de vendas sabe, vender para e tentar roubar um cliente feliz, satisfeito, bem atendido é um dos trabalhos de vendas mais duros que existem, portanto, torne a vida de seus concorrentes o mais difícil que puder garantindo que seus clientes se sintam muito confortáveis e confiantes em seu relacionamento com você.

Neuronegociação

CAPÍTULO 16

CONCLUSÃO

E chegamos ao final do livro! Espero que tenha gostado de ler *Neurovendas*. Mas bem mais importante que ler este livro é aplicar o que aprendeu. Só por meio da ação e da aplicação dos princípios poderosos descritos neste livro é que você melhorará seu desempenho em vendas.

Por favor, encare este livro como uma ferramenta prática a ser usada. Selecione uma área de seu processo de vendas que você sente ser a que mais precisa melhorar e comece a introduzir mudanças primeiro nela. Uma corrente é tão forte quanto seu elo mais frágil. Apenas por meio da aplicação e da prática do que você aprendeu neste livro você será capaz de fazer mudanças positivas em seu desempenho de vendas.

A maior parte deste livro colocou foco no cérebro de seu cliente. Ao concluir, vamos passar um tempo avaliando seu próprio cérebro. Seu cérebro está em constante mudança, reprogramando-se e fazendo novas conexões entre os seus bilhões de neurônios. Isso é chamado de "neuroplasticidade", e se refere a mudanças nos caminhos e sinapses neurais. Essas mudanças acontecem como resultado de alterações em seu ambiente, mas, e isso é o mais importante, elas ocorrem também por meio de mudanças em seu comportamento e em seus processos neurais – por exemplo, em seu modo de pensar, de aprender e de agir. Você pode permitir que a neuroplasticidade se dê ao acaso, ou fazer a escolha de dirigir as mudanças de modo consciente. O doutor Jeffrey M. Schwartz, psiquiatra da Escola de Medicina da Universidade da Califórnia em Los Angeles (UCLA), chama isso de "neuroplasticidade autodirigida" (Schwartz e Begley, 2003). Quando mudamos nosso cérebro de propósito, estamos empregando a neuroplasticidade autodirigida.

Portanto, meu desafio a você, ao longo dos próximos dias, semanas e meses, é que faça um esforço consistente e aprimorado de aplicar os princípios expostos neste livro.

Mantenha este livro perto de você, consulte-o, aplique o que aprendeu e você verá a diferença no seu desempenho de vendas. Envolva-se em uma neuroplasticidade autodirigida para aprimorar e afinar seu cérebro de modo que se torne um instrumento de vendas altamente eficaz pela contínua aplicação dos princípios e práticas deste livro.

Com o conhecimento que você possui agora sobre o Mapeamento do Cérebro PRISMA, comece a estudar seu perfil (se ainda não fez isso, por favor visite o site www.neuro-sell.com para baixar seu perfil gratuito do Mapeamento do Cérebro PRISMA) e reflita sobre as preferências mais fortes que você tem e como pode alavancá-las mais plenamente. Avalie as áreas de suas preferências mais fracas e certifique-se de que tem consciência delas e lida com isso com atenção. Além de fornecer seu Mapeamento do Cérebro PRISMA gratuitamente, o site www.neuro-sell.com oferece acesso a uma variedade de outros recursos e downloads que você pode usar para maximizar seu desempenho de vendas com auxílio da neurociência.

Eu adoraria saber dos seus sucessos. Não há nada que me dê maior prazer do que saber como colegas profissionais de vendas têm aplicado o que aprenderam e do sucesso que isso trouxe.

Se você tem interesse em me agendar para sua conferência ou evento, ou gostaria de meus serviços de consultoria e/ou treinamento de sua liderança de vendas ou sua força de vendas, ou se estiver interessado em licenciar meu processo de "venda amigável ao cérebro" para que sua organização o utilize, será um prazer falar com você. E prometo que serei um bom ouvinte!

Você pode entrar em contato diretamente comigo pelo e-mail simon@simonhazeldine.com. Se eu puder ser de alguma ajuda em sua jornada para dominar com maestria o processo vendas, por favor, entre em contato.

Boa sorte e boas neurovendas!

SIMON HAZELDINE

www.simonhazeldine.com | www.neuro-sell.com

X (ex-Twitter): @simonhazeldine

Você pode permitir que a **neuroplasticidade** se dê ao **acaso**, ou fazer a escolha de **dirigir** as **mudanças** de modo consciente.

REFERÊNCIAS

Bargh, J.A., Chen, M., e Burrows, L. (1996) "Automaticity of social behaviour: direct effects of trait constructs and stereotype activity on action", *Journal of Personality and Social Psychology*, vol. 71, p. 230-244.

BBC (2013) *Horizon: The creative brain: how insight works*, programa de televisão, BBC Londres, 14 de março.

Blakeslee, S. (2006) "Cells that read minds", *New York Times*, 10 de janeiro.

Carney, D.R., Cuddy, A.J.C., e Yap, A.J. (2010) "Power posing: brief nonverbal displays affect neuroendocrine levels and risk tolerance", *Psychological Science*, vol. 21 (10), p. 1363-1368.

Cialdini, R.B. (1993) *Influence: Science and practice*, HarperCollins College Publishers, Nova York [*As armas da persuasão*, Sextante, Rio de Janeiro].

Condon, W.S. e Ogston, W.D. (1966) "Sound-film analysis of normal and pathological behaviour patterns", *Journal of Nervous and Mental Disease*, vol. 143, p. 338-347.

Cowan, N. (2001) "The magical number 4 in short term memory: a reconsideration of mental storage capacity", *Behavioural and Brain Sciences*, vol. 24 (1), fevereiro, p. 87-114.

Cuddy, A.J.C., Wilmuth, C.A., e Carney, D.R. (2012) "Preparatory power posing affects performance outcomes in social evaluations", artigo de trabalho 13-027, Harvard Business School.

Dijksterhuis, A. *et al.* (1998) "Seeing one thing and doing another: contrast effects in automatic behavior", *Journal of Personality and Social Psychology*, vol. 75, p. 862-871.

Dunbar, R. (1998) *Grooming, Gossip and the Evolution of Language*, Harvard University Press, Cambridge, MA.

Gobet, F. e Clarkson, G. (2004) "Chunks in expert memory: evidence for the magical number four... or is it two?", *Memory*, vol. 12 (6), novembro, 732-747.

Goleman, D. (1989) "Brain's design emerges as a key to emotions", *New York Times*, 15 de agosto.

Gordon, E. (2000) *Integrative Neuroscience: Bringing together biological, psychological, and clinical models of the human brain*, Harwood Academic Publishers, Singapura.

Hall, E.T. (1998) *The Hidden Dimension*, Bantam Doubleday Dell, Nova York.

Hazeldine, S. (2011a) *Bare Knuckle Negotiating: Knockout negotiation tactics they don't teach you in business school*, Bookshaker, Great Yarmouth.

Hazeldine, S. (2011b) *Bare Knuckle Selling: Knockout sales tactics they don't teach you in business school*, Bookshaker, Great Yarmouth.

Hazeldine, S. (2012) *The Inner Winner: Performance psychology tactics that give you an unfair advantage*, Bookshaker, Great Yarmouth.

Hazeldine, S. e Norton, C. (2012) *Bare Knuckle Customer Service: How to deliver a knockout customer experience every time*, Bookshaker, Great Yarmouth.

Iyengar, S.S. e Lepper, M.R. (2000) "When choice is demotivating: can one desire too much of a good thing?", *Journal of Personality and Social Psychology*, vol. 79 (6), p. 995-1006.

Kahneman, D., Slovic, P. e Tversky, A. (1982) *Judgement under Uncertainty: Heuristics and biases*, Cambridge University Press, Cambridge.

Kendon, A. (1970) "Movement coordination in social interaction", *Acta Psychologica*, vol. 32, p. 100-125.

Knight, S. (2008) "The heart of selling", *Financial Times*, 13 de setembro.

Lakhani, D. (2005) *Persuasion: The art of getting what you want*, Wiley, Hoboken, NJ.

Lehrer, J. (2009) *The Decisive Moment: How the brain makes up its mind*, Canongate, Edimburgo.

Macrae, C.N. e Johnston, L. (1998) "Help, I need somebody: automatic action and inaction", *Social Cognition*, vol. 16, p. 400-417.

Maxham, J.G. III (1997) "The role of adaptive selling in sales training: a salesperson perspective", *Advances in Marketing*, ed. J.A. Young, D.L. Varble e F.W. Gilbert, p. 195-203, Southwestern Marketing Association, Terre Haute, IN.

Morris, D. (1978) *Manwatching*, Grafton, Londres.

Navarro, J. (2009) *The Power of Body Language*, Nightingale Conant, Wheeling, IL.

Nunes, J.C. e Dreze, X. (2006) "The endowed progress effect: how artificial advancement increases effort", *Journal of Consumer Research*, vol. 32, p. 504-512.

PBS (2005) *NOVA scienceNOW*, programa de televisão, Temporada 1, Capítulo 1, 25 de janeiro.

Pradeep, A.K. (2010) *The Buying Brain*, Wiley, Hoboken, NJ.

Sanitioso, R., Kunda, Z. e Fong, G.T. (1990) "Motivated recruitment of autobiographical memories", *Journal of Personality and Social Psychology*, vol. 59, p. 229-241.

Schumpeter, J. (1950) *Capitalism, Socialism and Democracy*, Harper, Nova York [*Capitalismo, Socialismo e Democracia*, Ed. Unesp, São Paulo].

Schwartz, J.M. e Begley, S. (2003) *The Mind and the Brain: Neuroplasticity and the power of mental force*, Regan Books, Los Angeles.

Szegedy-Maszak, M. (2005) "Your unconscious is making your everyday decisions", *US and New World Report*, http://health.usnews.com/usnews/health/articles/050228/28think_2.htm.

Than, K. (2005) "Scientists say everyone can read minds", *LiveScience*, 27 de abril.

Zaltman, G. (2003) *How Customers Think: Essential insights into the mind of the market*, Harvard Business School Press, Boston, MA.

LEITURAS ADICIONAIS

Carter, R. (1998) *Mapping the Mind*, Orion, Londres.

Collett, P. (2003) *The Book of Tells*, Doubleday, Londres.

Condon, W.S. e Ogston, W.D. (1966) "Sound-film analysis of normal and pathological behaviour patterns", *Journal of Nervous and Mental Disease*, vol. 143, p. 338-347.

Cutmore, T.R.H. *et al.* (1997) "Imagery in human classical conditioning", *Psychological Bulletin*, vol. 122, p. 89-103.

Damasio, A. (2006) *Descartes' Error: Emotion, reason and the human brain*, Vintage, Londres.

Dijksterhuis, A. *et al.* (1998) "Seeing one thing and doing another: contrast effects in automatic behavior", *Journal of Personality and Social Psychology*, vol. 75, p. 862-871.

Dunbar, R.I.M., Duncan, N.D.C. e Marriott, A. (1997) "Human conversational behavior", *Human Nature*, vol. 8, p. 231-246.

Fine, C. (2006) *A Mind of Its Own: How your brain distorts and deceives*, Icon Books, Cambridge.

Gengler, C.E., Howard, Daniel J. e Zolner, K. (1995) "A personal construct analysis of adaptive selling and sales experience", *Psychology and Marketing*, vol. 12, julho, p. 287-304.

Goleman, D. (1996) *Emotional Intelligence: Why it can matter more than IQ*, Bloomsbury, Londres.

Gordon, E. *et al.* (2008) "An 'integrative neuroscience' platform: application to profiles of negativity and positivity bias", *Journal of Integrative Neuroscience*, vol. 7 (3), p. 345-366.

Green, M. e Brock, T.C. (2000) "The role of transportation in the persuasiveness of public narratives", *Journal of Personality and Social Psychology*, vol. 79, p. 701-721.

Harish, S. e Weitz, B. (1986) "The effects of level and type of effort on salesperson Performance", artigo de trabalho, Pennsylvania State University.

Heath, C. e Heath, D. (2008) *Made to Stick*, Random House, Londres.

Hsu, J. (2008) "The secrets of storytelling: why we love a good yarn", *Scientific American*, setembro.

Iacoboni, M. (2009) *Mirroring People: The science of empathy and how we connect with others*, Picador, Nova York.

Kendon, A. (1970) "Movement coordination in social interaction", *Acta Psychologica*, vol. 32, p. 100-125.

Klaff, O. (2011) *Pitch Anything*, McGraw-Hill, Nova York.

Knowles, P.A., Grove, S.J. e Keck, K. (1994) "Signal detection theory and sales effectiveness", *Journal of Personal Selling and Sales Management*, vol. 14, Spring, p. 1-14.

LeDoux, J. (1999) *The Emotional Brain: The mysterious underpinnings of emotional life*, Phoenix, Londres.

Lehrer, J. (2009) *The Decisive Moment: How the brain makes up its mind*, Canongate, Edimburgo.

Levy, M. e Sharma, A. (1994) "Adaptive selling: the role of gender, age, sales experience and education", *Journal of Business Research*, vol. 31, p. 39-47.

Lindstrom, M. (2009) *Buyology*, Random House, Londres [*A lógica do consumo*, HarperCollins Brasil, Rio de Janeiro].

McKee, R. (1999) *Story: Substance, structure, style and the principles of screenwriting*, Methuen, York.

Miller, G.A. (1956) "The magical number seven, plus or minus two: some limits on our capacity for processing information", *Psychological Review*, vol. 63, p. 81-97.

Navarro, J. (2008) *What Every Body Is Saying: An ex-FBI agent's guide to speed-reading people*, HarperCollins, Londres [*O que todo corpo fala: Um ex-agente do FBI ensina como codificar a linguagem corporal e ler as pessoas*, Sextante, Rio de Janeiro].

Navarro, J. (2009) "The body language of the eyes: the eyes reveal what the heart conceals", *Psychology Today*, dezembro.

Nierenberg, G.I. e Calero, H.H. (2001) *How to Read a Person like a Book*, Metro Books, Nova York.

Pease, A. e Pease, B. (2006) *The Definitive Book of Body Language*, Orion, Londres.

Pinker, S. (1997) *How the Mind Works*, Penguin, Londres [*Como a mente funciona*, Companhia das Letras, São Paulo].

Schwartz, B. (2004) *The Paradox of Choice: Why more is less*, HarperCollins, Londres.

Spiro, R.L. e Weitz, B.A. (1990) "Adaptive selling: conceptualization, measurement, and nomological validity", *Journal of Marketing Research*, vol. 27, fevereiro, p. 61-69.

Stephens, G.A., Silbert, L.J., e Hasson, U. (2010) "Speaker–listener neural coupling underlies successful communication", *Proceedings of the National Academy of Sciences of the United States of America*, vol. 107 (32), p. 24-30.

Tobias, R.B. (1993) *20 Master Plots and How to Build Them*, Writers Digest Books, Cincinnati, OH.

Weinschenk, S.M. (2009) *Neuro Web Design: What makes them click?*, New Riders, Berkeley, CA.

Wilson, T.D. (2002) *Strangers to Ourselves: Discovering the adaptive unconscious*, Harvard University Press, Cambridge, MA.

Woodside, A.G. e Wilson, E.J. (2000) "Constructing thick descriptions of marketers' and buyers' decision processes in business-to-business relationships", *Journal of Business and Industrial Marketing*, vol. 15 (5), p. 354-369.

ÍNDICE REMISSIVO*

* Nota: números de páginas em *itálico* indicam figuras e tabelas.

A

associação espacial 218-219, *220*
"aversão à perda" 205

B

Bannatyne, Duncan 194
Bare Knuckle Customer Service 194, 221
Bare Knuckle Negotiating 194
Bare Knuckle Selling 143
Bargh, John; Chen, Mark e Burrows, Lara 169
Baron-Cohen, Simon 48
BBC 150
Blakeslee, Sandra 52

C

Carney, Dana; Cuddy, Amy e Yap, Andy 259
"casa da mensagem", a 184, *185*
"cérebro base de dados" 177-178
cérebro emocional (sistema límbico) *41*, 43, 175, 178
   influência do cérebro racional 44-45
   linguagem corporal 43
   papel do 43
   "sistema do medo" 43
cérebro racional 45, 177, 183
   córtex pré-frontal 45
   frontal *versus* posterior 49
   funcionamento dos hemisférios 46, 46-50
   lobos 49
   papel do 61
cérebro reptiliano 40, *41*, 43, 67, 175, 177-178, 206, 255-256, 262
   reação de lutar/fugir/ficar imóvel 42
Cialdini, Robert 124, 125, 137, 139, 159, 192, 195
cliente Azul, o 96
   como negociadores 253
   frases a usar com 116
   gostos, aversões e motivações *113*
   perguntas a fazer 164
clientes Ouro 97
   como negociadores 254
   frases a usar com 76
   gostos, aversões e motivações *74*
   perguntas a fazer 113
clientes Verdes 95
   como negociadores 253
   frases a usar com 116
   gostos, aversões e motivações *112*
   perguntas a fazer 164
clientes Vermelhos 96-97
   como negociadores 254
   gostos, aversões e motivações *114*
   frases a usar com 117
   perguntas a fazer 165
compradores executivos 76
compradores operacionais 77
compradores técnicos 76, 77
comunicação não verbal *ver* linguagem corporal
Condon, W.S.; e Ogston, W.D. 136

Cowan, Nelson 183
Cuddy, Amy; Wilmuth, Caroline e Carney, Dana 229, 259

D

Dell, Michael 194
desafios de vendas 27-30
Dijksterhuis, A. *et al.* 169
dopamina 87, 90-91, 92, 152, 178, 181, 206, 207, 249
Dragons' Den 194
Dunbar, Robin 195

E

Einstein, Albert 190
eletroencefalografia (EEG) 34
Esopo 195
estrógeno 87, 91-92, 93, 96
estudos de caso 193
ética 17
persuasão *versus* manipulação 23-24
"exposição ventral" 238

F

fisiologia do cérebro 33, 40
frequências de ondas cerebrais 150-151

G

garantias 194
gestores de suprimentos 78
Gobet, Fernand e Clarkson, Gary 183
Goldberg, Elkhonon 49
Goleman, Daniel 175
Gordon, Evian 62

H

Hall, Edward 135
Hasson, Uri 196

I

Iacoboni, Marco 52, 137
imagem por ressonância magnética funcional (fMRI) 34, 52, 196
Influence 137
Inner Winner, The 126

"isopraxia" 136
Iyengar, Sheena e Lepper, Mark 209

J

Jesson, Phil 187

K

Kahneman, Daniel; Slovic, Paul e Tversky, Amos 206
Kendon, Adam 136
Keynote 181
Knight, Sam 29
Krulwich, Robert 52

L

Lakhani, Dave 24
LeDoux, Joseph 44, 173, 175
Lehrer, Jonah 173
lendo seu cliente 100-119
    adaptar 111-119
        cliente Azul *113*, 116
        cliente Ouro *115*, 117
        cliente Verde *112*, 116
        cliente Vermelho *114*, 117
        ser você mesmo 118
    classificar 111
    observar 102-111
        dicas comportamentais 102, *103-104*
        dicas de linguagem 104, *105*
        pesquisa on-line 106-107
        primeiras interações 104-106
linguagem corporal 227-241
    boca 235
    braços e mãos 237-238, *237*
    da pessoa de vendas 228 229
    definição de 228
    inclinar a cabeça 231
    mentira, indicadores de 231, 234
    nariz 234-235, *234*
    olhos 232-233
    peito 238
    pernas 238, *239*
    pés 240, *240*
    pescoço 236, *236*
    princípios-chave 230-231

quadris 238
queixo 235, *235-236*
sobrancelhas 232
sorriso 234
testa franzida 231, *232*
lobo frontal 49
lobo occipital 49
lobo parietal 49
lobo temporal 49

M

Macrae, Neil e Johnston, Lucy 169
Manwatching 233
Mapeamento do Cérebro PRISMA 83, 84,
    98, 175
perfis comportamentais
  cliente Azul 96
  cliente Ouro 97
  cliente Verde 95
  cliente Vermelho 96-97
  química cerebral
      dopamina 90-91, 206-207
      estrógeno 91-92
      noradrenalina 91
      serotonina 91
      testosterona 91-92
  os quatro quadrantes do cérebro 89, *89*
      quadrante azul *89*, 93
      quadrante ouro *89*, 95
      quadrante verde *89*, 92-93
      quadrante vermelho *52*, 93-94
  história do 84-85
  princípios teóricos 85-86
  usos do 83
marcante, seja 213-215
  diferenciar-se 214
  primazia e o mais recente 213
Maxham, James 71
metáforas 216-217
Morris, Desmond 233
mapa de perguntas 154, *154*
mapas neuronais 63-67, 86
mente consciente *versus* mente inconsciente
    35-36, 173, 174
modelo de pontes estratégicas 187-188

N

Navarro, Joe 238
neuronegociação 243-269
  "aperto de mão de poder" 263
  desconforto, uso do 245-246
  equilíbrio poder/conforto 265-266
  estilos de negociação 255
  estratégias da negociação 250
  exercer controle sobre 264
  gesto de campanário (unir as pontas dos
      dedos) 265- 266
  indicadores de mentira 266-267
  negociação, habilidades envolvidas em
      246-247
  negociador azul 253
  negociador ouro 254
  negociador verde 253
  negociador vermelho 254
  o que aumenta o conforto 256-259
  planejamento e preparação 250, 251
  policial bonzinho/policial durão 265
  "poses de poder" 259, 260, 262
  pressão do tempo, aplicando a 265
  resposta automática à ameaça,
      compreensão da sua 246-248
neurociência, visão geral da 33-37
  aceleração recente de 34
  emoções 36
  fisiologia do cérebro 33, 37
  fisiologia do sistema nervoso 33-34
  mente consciente vs inconsciente 35-36,
      174-175
  tomada de decisão 35
neurônios-espelho 50-53, 137, 197,
    200, 215, 229, 257
noradrenalina 91
Norton, Chris 194, 221
NOVA scienceNOW 52
Nunes, Joseph e Dreze, Xavier 224, 225

P

perguntas abertas 144-145
perguntas de resumo 147
perguntas de sondagem 147-148
perguntas fechadas 144

Índice remissivo

Persuasion: The Art of Getting What You Want
24
PowerPoint 181, 216, 219
Pradeep, A.K. 217
processo de compra, o 55-59
  cérebro comprador, o 60
    áreas inconscientes do cérebro 59-60
    fisiologia dos neurônios *64*, 64-65
    mapas neuronais 64-65, 86
    perigo *versus* recompensa 61-62
  estágios no processo de compra 63-67,
    73-74
  estágios no processo formal de aquisição
    58, 74
  importância de se envolver cedo 74
  obtenção do processo 58
"prova social" 192
"proxêmica" 135

R

reação de lutar/fugir/ficar imóvel 42
Ritter, Simone 150
Rizzolatti, Giacomo 50-51

S

Sanitioso, Rasyid; Kunda, Ziva e Fong,
  Geoffrey 178
Schumpeter, Joseph 28
Schwartz, Jeffrey e Begley, Sharon 271
serotonina 87, 90, 91, 94
"sinais de compra" 208
sistema límbico *ver* cérebro emocional
  (sistema límbico)
"sorriso zigomático" (ou "de coração") 234
Szegedy-Maszak, Marianne 35

T

tipos de perguntas 143-147, *147*
Tsé, Lao 121
testemunhos 192-193
testosterona 87, 91-93, 96, 97,
  262
Than, Ker 53
"três cérebros", os 39-53, *41*
  cérebro emocional (sistema límbico) 41, 43,

175, 178
  influência no cérebro racional 44-45
  linguagem corporal 43
  papel do 62
  "sistema do medo" 43

V

venda adaptativa 69-80
  definição de 70
  natureza da situação interesses e
    necessidades do cliente 72-80
    personalidade/estilo de comprar 70
    estágio do processo de compra 70
    ramo ou setor 72-73
  e neurociência 71
  vendas "*push*" (empurrar) *versus*
    "*pull*" (puxar) 69-70
  ver também Mapeamento do
    Cérebro PRISMA
venda amigável ao cérebro 121-130
  atenção, manutenção da 215-216
  associação espacial 218-221, *220*
  cheiro e gosto 218
  conclusão, desejo do cliente por resumo
    da ação 221-222, *223-224*
    plano *versus* proposta 222
  Estágio 1: Considerar 123-130
    dicas sobre as instalações 129
    informações de contato 128-129
    informações sobre o cliente 124
    informações sobre o setor do cliente
      124
    informações sobre produtos e serviços
      125
    metas do encontro 126-128
  Estágio 2: Conforto, Parte 1: Conectar
  133-136
    comportamentos tranquilizadores
      134-135
    espaço pessoal 135
  Estágio 3: Conforto, Parte 2: Camaleão
  136-138
    eco postural 136-138
  Estágio 4: Conforto, Parte 3: Controlar
    138-140

certeza 139
escassez 139
status 139
Estágio 5: Contextualizar e catalisar
143-170
impacto "Buscar recompensa"
163-165
impacto "Afastar-se da dor" 160-162
mapa de perguntas 153, *154*
meta (situação futura) 159-160
os quatro tipos de perguntas 143-147,
147
passado 155
posicionamento a solução 166-169
priming 169-170
problema ou dor 155-156
situação atual 154
usando perguntas para decupar
148-153
Estágio 6: Verificar 170-171
Estágio 7: Convencer 173-203
certeza e credibilidade 191-195
clareza 182-186
concretizar 190-191
contraste 186-189
curiosidade 178-181
decupar 181-182
poder de "vender histórias"
(*storyselling*), o 195-197, *199*
três cérebros, os 175-178

Estágio 8: Confirmar e concluir 205-210
limitar as escolhas 209-210
pergunta final 208
perguntas tentativas 207-208
perguntas tentativas de fechamento
208-209
marcante, ser 213-215
como se diferenciar 215
primazia *versus* a coisa mais recente
213
materiais táteis 217-218
metáforas 216-217
simplicidade 215
visuais 217
voz 218
"vender histórias" 195-203, *199*
estruturar sua história 197-203
exemplo de história 201-203
mapa de história de vendas *199*
sincronização da atividade cerebral 196
Viki, Tendayi 85

W

Wallace, Colin 83
Watson, Lyall 39
Whelan, Paul 37

Z

Zaltman, Gerald 36, 61
Ziglar, Zig 24

Este livro foi composto com tipografia Adobe Garamond Pro e impresso em papel Off-White 80 g/m² na Formato Artes Gráficas.